C000170619

Szenenerkennung mittels hierarch

Reno Reckling

Szenenerkennung mittels hierarchischer Implicit Shape Models

Algorithmus für das Programmieren durch Vormachen

AV Akademikerverlag

Impressum / Imprint

Bibliografische Information der Deutschen Nationalbibliothek: Die Deutsche Nationalbibliothek verzeichnet diese Publikation in der Deutschen Nationalbibliografie; detaillierte bibliografische Daten sind im Internet über http://dnb.d-nb.de abrufbar.

Alle in diesem Buch genannten Marken und Produktnamen unterliegen warenzeichen-, marken- oder patentrechtlichem Schutz bzw. sind Warenzeichen oder eingetragene Warenzeichen der jeweiligen Inhaber. Die Wiedergabe von Marken, Produktnamen, Gebrauchsnamen, Handelsnamen, Warenbezeichnungen u.s.w. in diesem Werk berechtigt auch ohne besondere Kennzeichnung nicht zu der Annahme, dass solche Namen im Sinne der Warenzeichen- und Markenschutzgesetzgebung als frei zu betrachten wären und daher von jedermann benutzt werden dürften.

Bibliographic information published by the Deutsche Nationalbibliothek: The Deutsche Nationalbibliothek lists this publication in the Deutsche Nationalbibliografie; detailed bibliographic data are available in the Internet at http://dnb.d-nb.de.

Any brand names and product names mentioned in this book are subject to trademark, brand or patent protection and are trademarks or registered trademarks of their respective holders. The use of brand names, product names, common names, trade names, product descriptions etc. even without a particular marking in this work is in no way to be construed to mean that such names may be regarded as unrestricted in respect of trademark and brand protection legislation and could thus be used by anyone.

Coverbild / Cover image: www.ingimage.com

Verlag / Publisher:
AV Akademikerverlag
ist ein Imprint der / is a trademark of
OmniScriptum GmbH & Co. KG
Heinrich-Böcking-Str. 6-8, 66121 Saarbrücken, Deutschland / Germany
Email: info@akademikerverlag.de

Herstellung: siehe letzte Seite /
Printed at: see last page
ISBN: 978-3-639-78681-1

Copyright © 2014 OmniScriptum GmbH & Co. KG
Alle Rechte vorbehalten. / All rights reserved. Saarbrücken 2014

Inhaltsverzeichnis

1. Einführung

Roboter sind aus dem Leben in der modernen industrialisierten Welt kaum noch wegzudenken. Ob Industrieroboter zur Fertigung von Autos, oder kleiner Serviceroboter in Getränkeautomaten, überall begegnet man mehr oder weniger komplexer Robotik.

Nach wie vor gibt es jedoch einen Bereich, in dem sich die moderne Robotik nach wie vor nicht durchsetzen konnte. In der (humanoiden) Servicerobotik, deren erklärtes Ziel es ist den Menschen bei seinen alltäglichen Aufgaben so weit wie möglich zu unterstützen, beispielsweise durch das Bereiten von Essen, das Einräumen einer Spülmaschine oder auch in der Altenpflege, existieren noch eine Vielzahl ungelöster, jedoch zentraler Probleme.

Moderne humanoide Roboter wie der am Karlsruher Institut für Technologie entwickelte Serviceroboter ARMAR III sind bereits sehr fortschrittlich mit Hinblick auf Beweglichkeit und Sensorik, jedoch beherrschen sie andere grundlegende Aufgaben wie das Lernen, Abstrahieren, Erkennen und Anwenden von Fakten und Zusammenhängen noch unzuverlässig.

Das Problem der Wiedererkennung bereits wahrgenommener oder ähnlicher Szenen in Innenräumen spielt auf diesem Gebiet eine Herausragende wolle, denn ohne ein korrekte Erkennung einer Situation ist eine Anwendung vorhandenen Wissens nur sehr begrenzt möglich. Zusätzlich ist ein Verständnis und ein Erlernen einer Szenengeometrie zusammen mit ihren inhärenten Spielräumen und Bewegungen hilfreich für das Einschätzen einer größeren Gesamtsituation.

Das Programmieren durch Vormachen stellt dabei einen intuitiven Ansatz zum Trainieren von Robotern dar. Erst die Fähigkeit des Lernens aus Demonstration bringt Roboter im Allgemeinen und humanoide Serviceroboter im Speziellen den entscheidenden Schritt in Richtung menschenähnlichen Verhaltens weiter. Sie wird helfen, den großen Unterschied zwischen beispielsweise einer starren, vorprogrammierten Küchenmaschine und einem echten, auf neue Anforderungen reagierenden Helfer zu überbrücken.

2. Motivation

2.1 Anforderungen

Um intelligente Robotersysteme entwickeln zu können ist die bloße Erkennung einzelner Objekte und das Bereitstellen von Manipulationsmöglichkeiten nicht ausreichend. Für komplizierte kontextbezogene Aktionen und Reaktionen ist ein Verständnis der Umgebung und der Zusammenhänge innerhalb der Beobachteten Szenarien notwendig. Zu diesem Zweck muss es möglich sein aus beobachteten Einzelobjekten und ihren Dynamiken einen Kontext zu extrahieren, welcher eine erweiterte Entscheidungsfindung möglich macht.

Das Ziel dieser Arbeit ist es, ein System zu entwickeln, welches aus einer Menge an beobachteten Objekten über einen langen Zeitraum hinweg ein Modell der inhärenten Dynamiken der beobachteten Szene und der in ihr enthaltenen Objekte generiert, mit dem es möglich ist, ähnliche Objektkonstellationen zu späteren Zeitpunkten wiederzuerkennen. Des Weiteren soll das entwickelte System unabhängig von der Domäne der Robotik und somit für Geometrieabstraktion und Erkennung auf Basis von Positionen und Konstellationen punktförmiger Objekte geeignet sein. Um diese Voraussetzungen erfüllen zu können muss das Format der Eingabedaten, unabhängig von dem konkreten Modus der Erkennung, auf einem abstrakten Format beruhen.

Um eine aussagekräftige Repräsentation der Realität zu gewährleisten ist eine Beschreibung der beteiligten Objekte in sechs Dimensionen notwendig. Diese umfassen die drei Raumdimensionen kombiniert mit den möglichen Orientierungen der Objekte und Szenen. Darauf aufbauend sollen auch Szenenbeschreibende dynamische Zusammenhänge erlernbar sein, zum Beispiel räumliche Beziehungen wie „A steht immer rechts von B".

Da das System zukünftig in mehrere unabhängige Komponenten integriert werden soll, ist eine Implementierung in der Programmiersprache C++ notwendig, um eine leichte Interoperabilität mit den bestehenden Teilen des auf dem Robot Operating System (ROS) basierenden Systems zu ermöglichen.

Wichtig für den Einsatz in Echtweltszenarien ist ebenfalls die Geschwindigkeit, mit welcher ein Modell eine Szene mittels einer gegebenen Menge an Eingabeobjekten wiedererkennen kann, um keine unnötigen Verzögerungen im Bewegungs- und Aktionsplanungsablauf der Roboters zu erzeugen.

2.2 Aufgabenstellungen

Aus kontinuierlich eintreffenden Positionen erkannter Objekte soll im Rahmen des Programmierens durch Vormachen über einen längeren Zeitraum ein möglichst vollständiges Szenenmodell erlernt werden. Dieses soll es ermöglichen nicht nur die einzelnen Objekte in einer starren Konstellation wiederzuerkennen, sondern darüber hinaus in der Lage sein spezifische Dynamiken innerhalb der Szene und zwischen einzelnen Objekten abzubilden. Um die Machbarkeit zu demonstrieren wird eine Heuristik für das Erkennen von Beziehungen des Typs „A zeigt immer mit der gleichen Seite zu B" erstellt, jedoch soll es sehr einfach sein das System um neue Heuristiken zu erweitern. Anhand der Heuristiken und innerhalb einer Szene erkannten Beziehungen sollen automatisch Hierarchiebäume aufgebaut werden, um Abhängigkeiten und verschachtelte Beziehungen zwischen Objekten zu berücksichtigen.

Es soll möglich sein die Software in das bestehenden System aus dem Robot Operating System[1], einer texturbasierter Objekterkennung[2], einer Markererkennung[3] und einer formenbasierten Objekterkennung[4] zu integrieren und die Informationen der genannten Objekterkenner zu benutzen um ein einheitliches Szenemodell, unabhängig vom Modus der Erkennung, zu erlernen. Das Design soll jedoch grundsätzlich unabhängig vom Robot Operating System und den genannten Erkennern sein, um eine einfache Wiederverwendung in anderen Anwendungsbreichen sicherzustellen.

2.3 Einschränkungen

Nicht gefordert ist die Fähigkeit das Modell in einem Online-Verfahren zu trainieren. Das heißt, es wird akzeptiert, dass nach der Aufnahme von Trainingsdaten eine längere Lernphase nötig ist.

Des Weiteren sollen nicht automatisch neue Formen dynamischer Zusammenhänge erkannt und abstrahiert werden können. Alle erkannten Abstraktionsformen („A zeigt B immer die gleiche Seite"/„A bewegt sich immer zusammen mit B") müssen in Form von händisch programmierten Heuristiken angewandt werden. Der Rahmen dieser Arbeit beschränkt sich auf die Erkennung einfacher richtungsbezogener Abhängigkeiten, welche in Hierarchien vorkommen können. Somit sind Verkettungen von dynamischen Beziehungen explizit möglich und werden automatisch generiert.

Ebenfalls soll das System nicht selbstständig in der Lage sein unterschiedliche Szenen in Trainingsdaten erkennen zu können. Es wird vorausgesetzt, dass die Lerndaten mit entsprechenden Szenenidentifikationen versehen(gelabelt) sind, welche später wiedererkannt werden müssen.

---

[1] „ROS: an open-source Robot Operating System"[Qui+09]
[2] „Combining Harris interest points and the SIFT descriptor for fast scale-invariant object recognition"[AAD09]
[3] „Accuracy in optical tracking with fiducial markers: an accuracy function for ARToolKit"[ABD04]
[4] „Accurate shape-based 6-DoF pose estimation of single-colored objects."[AAD10]

3. Grundlagen und Stand der Technik

Die moderne Robotik basiert auf einer Vielzahl von interagierenden Technologien der Signalverarbeitung, Objekterkennung und Modellgenerierung.

Die Basis dieses Technologiestapels bildet die Erfassung und Erkennung der Gegebenheiten der echten Welt und ihre Verarbeitung, Verteilung und Auswertung innerhalb eines informationstechnischen Frameworks.

Dabei kommen Technologien wie beispielsweise Laserscanner, Time-Of-Flight-Kamera, Musterprojektion, sowie Mono- und Stereokameras kombiniert mit Analyseverfahren zur Erkennung von einzelnen Objekten, beispielsweise Markern, Stühlen, Tischen, Tellern oder Tassen zum Einsatz. Da sich diese Arbeit vorwiegend auf die letztgenannten Mono- und Stereokameras kombiniert mit Bilderkennungsverfahren stützt, werden im folgenden die damit verbundenen Verfahren und Technologien näher erläutert. Anschließend folgt eine kurze Einführung in die verwendeten mathematischen Formalismen wie zum Beispiel Quaternionen und ihre Anwendung innerhalb des Systems.

Integriert werden alle Komponenten mit Hilfe der vom Robot Operating System(ROS) bereitgestellten Hilfsmittel.

3.1 Robot Operating System(ROS)

Entwickelt von dem in den USA ansässigen privaten Forschungslabor „Willow Garage" stellt das Robot Operating System[1] eine Abstraktions- und Vermittlungsschicht für unterschiedlichste Komponenten eines Robotersystems bereit. Es fungiert dabei als eine Art Metabetriebssystem, welches lokale und entfernte Kommunikation harmonisiert, einfache Werkzeuge zur Verwaltung großer Softwareprojekte bereitstellt sowie essentielle Komponenten für alltägliche Robotikaufgaben, wie zum Beispiel Kamerasteuerung und Kalibrierung, mitliefert. Das Aushängeschild von „Willo Garage", der Roboter „PR2" in Abbildung 3.1 auf der nächsten Seite wird beispielsweise mit dem Robot Operating System betrieben.

---

[1] „ROS: an open-source Robot Operating System"[Qui+09]

Abbildung 3.1: PR2 von Willow Garage

3.1.1 Struktur

Die Grundkomponenten des Robot Operating Systems bestehen aus dem ROS-Master und einem oder mehreren ROS-Knoten. Der ROS Master ist die zentrale Koordinationsinstanz des Systems und vermittelt zwischen den einzelnen Knoten. Jeder Knoten im ROS ist ein separater Prozess des Hostbetriebssystems, welcher über die bereitgestellte ROS-Programmbibliothek mit dem Master und den anderen Knotens kommuniziert. Der Master fungiert dabei ausschließlich als Vermittler und als zentrale Anlaufstelle für Metadaten des Gesamtsystems. Dabei können innerhalb des Gesamtsystems einzelne Knoten in Namensräume der Form „/recognizer/shape_based_recognizer" verteilt werden um eine einfache namentliche Adressierung der Knotens zu ermöglichen.

3.1.2 Netzwerkvermittlung

Eine der Kernkomponenten von ROS ist die Nachrichtenvermittlung zwischen verschiedenen Knoten. Diese läuft primär über zwei verschiedene Modi ab, kommuniziert aber in jedem Fall mittels vorher definierter Nachrichtentypen. Diese Nachrichtentypen müssen schon zur Kompilierungszeit allen Komponten bekannt sein und erlauben einen Datenaustausch über System und Programmiersprachengrenzen hinweg.

3.1.2.1 Publisher/Subscriber-Kommunikation

Das verbreitetste Kommunikationsverfahren basiert auf dem Publisher/Subscriber-Muster, welches in Abbildung 3.2 auf der nächsten Seite illustriert ist.

Dabei informiert ein Knoten, hier genannt Publisher, den Master, dass er Nachrichten eines bestimmten Typs an ein sogenanntes „Topic" verbreitet. Dieses Topic ist identifiziert mit einem String, welcher optional relativ zur Position des veröffentlichenden Knotens im ROS-Namensraum aufgefasst werden kann. Wenn nun ein zweiter Knoten die Nachrichten eines Topics abonnieren will, benachrichtigt er den Master. Dieser teilt dem zuständigen Publisher die Identität des Abonnenten mit, wodurch der Publisher in der Lage ist alle Nachrichten direkt an den Empfänger

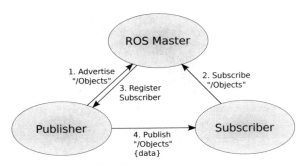

Abbildung 3.2: Publisher/Subscriber-Muster

zu versenden. Dieser Mechanismus ermöglicht eine dezentrale Verteilung des Netzwerkverkehrs, was bei großen Übertragungsvolumina einen einzelnen Flaschenhals vermeidet. Hierbei ist noch anzumerken dass diese Form der Kommunikation nicht auf eine 1-zu-1-Beziehung beschränkt ist. Es können für das gleiche Topic sowohl mehrere Publisher als auch mehrere Subscriber vorhanden sein. Das Verhalten ist jedoch in jedem Fall analog.

3.1.2.2 Service-Kommunikation/Remote Procedure Calls

Als Alternative zu der n-zu-m-Kommunikation des Publisher/Subscriber-Systems existiert ein Service-Modell, welches es ermöglicht direkte Anfragen an einzelne Knoten zu stellen. Dieser Modus wird häufig benutzt um direkte Befehle zwischen speziellen Komponenten auszutauschen. Ein Beispiel dafür wäre zum Beispiel die Ansteuerung bestimmter Motoren zur Fortbewegung des Roboters oder Änderung der Blickrichtung des Roboterkopfes. Das Verfahren ist dem Ablauf der Publisher/Subscriber-Kommunikation sehr ähnlich. Der Serviceanbieter teilt dem Master-Knoten mit, welche Servicefunktionen er bereitstellt. Diese können von Klienten abgefragt und direkt bei dem zuständigen Serviceknoten aufgerufen werden. ROS abstrahiert die einzelnen Aufrufe auf eine Art und Weise, die an das Aufrufen nativer Funktionen des Klientencodes ähnelt um einfache Integration in das verteilte System zu ermöglichen.

3.2 Objekterkennung

Die Objekterkennung ist ein wertvolles Mittel bei der Szenenerkennung, da sie eine Basis für eine abstraktere Verarbeitung der wahrgenommenen Zusammenhänge bildet. Sie ist besonders bei der Szenenerkennung in Innenräumen hilfreich, da die direkte Ausgabe von Koordinaten und Orientierungen erkannter Objekte die Weiterverarbeitung in einem geometrischen Kontext erleichtert. Allgemein werden bei der Objekterkennung ausgehend von Sensordaten wie beispielsweise Punktwolken, Mono- oder Stereobildern mit Hilfe von Bildverarbeitungsverfahren abstrakte Merkmale extrahiert, diese werden anschließend in durch die eigentlichen Objekterkenner interpretiert, woraus dreidimensionale Informationen über gesehen Objekte erlangt werden, welche unabhängig von den Erkennungsmodalitäten weiterverarbeitet werden können. Im Folgenden werden die in dieser Arbeit verwendeten Objekterkennungsverfahren näher erläutert.

Abbildung 3.3: Markererkennung: Zu sehen sind sowohl verdeckte als auch erkannte Marker.

3.2.1 Markererkennung

Die Markererkennung basiert auf der Erkennung quadratischer Marker fester Größe, welche mit vorher generierten Mustern versehen sind. Aus Größe und Form des gesehen Markers in Kombination mit den passenden Kamerakoordinaten können die sechsdimensionalen Posen der Marker sehr zuverlässig erkannt werden. Eine Illustration der Markererkennung ist in Abbildung 3.3 ersichtlich. Leider ist diese Form der Erkennung äußerst anfällig für Überdeckungen, weswegen sie für einen realistischen Einsatz mit anderen Erkennungssystemen kombiniert werden muss. Das eingesetzte System basiert auf der Markererkennung des Karlsruhe Institut für Technologie-Spinoffs Keyetech.

3.2.2 Texturbasierte Erkennung

Als zuverlässiges Erkennungsverfahren für flächige Objekte mit einer einzigartigen Textur, wie zum Beispiel Cornflakes-Packungen, wurde eine an der Universität Karlsruhe entwickelte Texturerkennung[1] verwendet.
Diese benutzt eine Kombination aus SIFT-Features[2] und Harris Interest Points[3] um eine robuste, skalierungsinvariante Erkennung zu ermöglichen.

Dafür wird zunächst ein neuer Featuretyp auf Basis der SIFT-Features und Harris Interest Points definiert. Die aus Vorlagen extrahierten Features werden bei der Erkennung zunächst in einen Hough-Voting-Verfahren aggregiert. Der resultierende Hough-Raum wird mit Hilfe des RANSAC-Verfahrens[4] von Ausreißern bereinigt. Für die verbleibenden Features wird mittels der Methode der kleinsten Quadrate in einem iterativen Verfahren versucht eine affine Abbildung zu finden sodass die erkannten Features der Originalkonstellation entsprechen. In diesem Verfahren werden abermals schrittweise Ausreißer entfernt. Sollten am Ende noch genug valide Features verbleiben, so wird das entsprechende Objekt als erkannt markiert. Da dem Erkennungsverfahren auch die Objektgeometrie vorliegt, ermöglicht die Erkennung einer texturierten Seite eines Objektes automatisch die Erkennung des gesamten Objektes inklusive der Position und Orientierung im Raum.

---

[1] „Combining Harris interest points and the SIFT descriptor for fast scale-invariant object recognition"[AAD09]
[2] „Distinctive image features from scale-invariant keypoints"[Low04]
[3] „A combined corner and edge detector."[HS88]
[4] „Random sample consensus: a paradigm for model fitting with applications to image analysis and automated cartography"[FB81]

Abbildung 3.4: Objektgeometriebasierte Erkennung. Bildquelle: [Aza+11]

3.2.3 Objektgeometriebasierte Erkennung

Ebenfalls von der Universität Karlsruhe entwickelt, gewährleistet die Geometrie-basierte Erkennung einfarbiger Objekte[1] eine robuste und genaue Erkennung[2]. Sie basiert auf dem Segmentieren der einfarbigen Objekte in Stereo-Kamerabildern. Auf das segmentierte Objekt wird dann ein Canny-Kantendetektor[3] angewandt um die Form des Objektes zu ermitteln. Dann wird versucht ein Bild des Objektes auf Basis vorhandener 3D-Modelle aus einer ähnlichen Pose zu rendern. Auf das resultierende gerenderte Bild wird der gleiche Kantendetektor angewandt.

Mit Hilfe eines sequentiellen Monte-Carlo-Verfahrens[4], wird anschließend versucht das gerenderte Bild mit dem Originalbild bezüglich der erkannten Kanten in Einklang zu bringen. Als Maß für den Fehler zwischen dem Original Kantenbild I_g und dem Kantenbild des gerenderten Bildes $I_{g,p}$ wird dabei folgende Formel verwendet:

$$w_g(I_g, I_{g,p}) = 1 - \frac{\sum_{x,y}\left[I_g(x,y) \text{ AND } I_{g,p}(x,y)\right]}{\sum_{x,y} I_{g,p}(x,y)} \tag{3.1}$$

Wobei „AND" das binäre „Und" bezeichnet.

Wenn dies erfolgreich war, kann mit Hilfe der Render- und Kameraparameter die Ausrichtung und Entfernung des Objektes relativ zur Kamera bestimmt werden. Eine Illustration des Ablaufes ist in Abbildung 3.4 dargestellt.

3.3 Implicit Shape Models (ISMs)

Implicit Shape Models bilden die Basis des entwickelten Systems. Sie basieren auf der generalisierten Hough-Transformation[5]. Das Grundprinzip von Implicit Shape

---

[1] „Accurate shape-based 6-DoF pose estimation of single-colored objects."[AAD10]
[2] „6-dof model-based tracking of arbitrarily shaped 3d objects"[Aza+11]
[3] „A computational approach to edge detection"[Can86]
[4] *Sequential Monte Carlo*[Hal67]
[5] „Generalizing the Hough transform to detect arbitrary shapes"[Bal81]

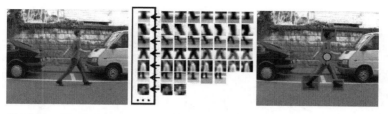

Abbildung 3.5: Fußgängererkennung mittels Implicit Shape Models. Bildquelle: [Sch11]

Models beruht auf dem Ansatz der Wiedererkennung eines größeren Zusammenhangs anhand seiner Teile. Beispielsweise werden für die Erkennung eines Stuhls die einzelnen Stuhlteile, erkannt und aus den Lageinformationn diese Teile, wie zum Beispiel Stuhlbeine, Sitzfläche, Lehne etc., inferiert, ob es sich um einen Stuhl handelt, und wenn ja, wo er sich befindet. Dabei ist diese Modellart keineswegs nur auf leblose Gegenstände begrenzt. Implicit Shape Models werden beispielsweise auch für die Erkennung von Fußgängern (Abbildung 3.5) in zweidimensionalen Aufnahmen benutzt, in denen sie auf der Erkennung einzelner Körperteile, wie zum Beispiel Füßen, Armen und Kopf beruhen.

3.3.1 Training

Für das Training von Implicit Shape Models sind vorher annotierte Eingabedaten notwendig. Diese umfassen die Position und Orientierung des zu erkennenden Objektes sowie die Positionen der einzelnen Objektteile. Anhand der Eingabedaten wird im ersten Schritt ein Codebuch generiert, welches Informationen über die Position und Lage einzelner Teile eines zu erkennenden Objektes enthält. Ein Beispiel eines Codebuches ist im zweiten Bild in Abbildung 3.5 zu erkennen. Mittels dieses Codebuches werden die Lagen der einzelnen Teile eines Objektes relativ zu einem Referenzpunkt vermerkt. Dieser Referenzpunkt ergibt sich im Allgemeinen aus dem Mittelpunkt aller Teile des zu erkennen Objektes, kann jedoch auch an die Position eines beliebigen Teils des Gesamtobjektes gesetzt werden.

Beispielhaft wird die Fahrzeugerkennung verwendet:
Die Eingabedaten bestehen aus einer Reihe von Fahrzeugbildern. Jedes Bild ist annotiert mit dem Mittelpunkt des Fahrzeugs sowie, beispielsweise, mit den Positionen der Räder. Aus all diesen Bildern wird nun ein Codebuch generiert. Dafür betrachtet man jedes einzelne Teilobjekt in den Eingabedaten, wie etwa, alle Räder einer bestimmten Form in allen Bildern. Für diese spezielle Form wird ein neuer Codebucheintrag angelegt. Er enthält die Beschreibung der Form des Rades und eine Liste. Die Einträge in dieser Liste sind für jedes Auftreten des Teils in einem Bild der Vektor, welcher von diesem Teil relativ zur Orientierung des Teils zum Referenzpunkt des Fahrzeugs zeigt. Dieser repräsentiert die relative Lage des Fahrzeugteils zum Mittelpunkt des Fahrzeugs. Danach enthält das Codebuch eine Sammlung von einzelnen zu erkennenden Fahrzeugteilen und jeweils eine Liste von relativen Vektoren zum Mittelpunkt des Fahrzeugs.

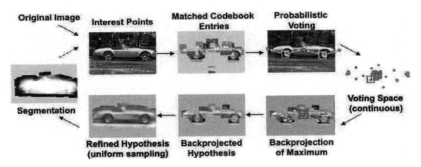

Abbildung 3.6: Erkennung eines Fahrzeugs mit anschließender Segmentierung. Bildquelle: Leibe, Leonardis und Schiele [LLS04].

3.3.2 Erkennung

Um nun ein Objekt mittels eines vorher angelegten Codebuches wiederzuerkennen
sind folgende Schritte notwendig:

- Erkennen der einzelnen Teile des Objektes in den Eingabedaten mit Hilfe ihrer
  Beschreibungen aus dem Codebuch.

- Anlegen aller relativen zu dem Objektteil gehörenden Vektoren aus dem Codebuch an die gefunden Teile.

- Ermitteln eines lokalen Maximums eingehender Vektoren.

Dabei gibt es eine Vielzahl von Methoden um das lokale Maximum eingehender
Vektoren zu bestimmen. Das in dieser Arbeit verwendete Verfahren verwendet eine
Diskretisierung des Raumes in Buckets, in welchen die Vektoren aggregiert werden.
Dies kann entweder durch eine naive Suche des größten Buckets geschehen, oder
mit erweiterten Methoden wie des Best-Bin-First Algorithmus[1][2]. Es ist jedoch auch
möglich eine Maximumssuche in einem kontinuierlichen Raum durchzuführen, beispielsweise mittels k-means Clustering[3] oder Mean-Shift-Mode Estimation[4]. Nachdem eine lokales Maximum gefunden wurde, kann daraus geschlossen werden, dass
sich an dieser Position das gewünschte Objekt befindet.

Dies soll nun nochmals am Beispiel einer Fahrzeugerkennung erläutern werden:

Als Eingabe wird ein unbekanntes Bild eines Fahrzeugs gegeben. Es wird nun versucht anhand des Codebuches die einzelnen Teile des Fahrzeugs wiederzuerkennen.
Wenn beispielsweise ein Rad erkannt wird, werden an dessen Position alle vorher ge-
fundenen Vektoren zu möglichen Referenzpunkten angelegt. Daraus ergibt sich eine
Häufung eingehender Vektoren im Zentrum des abgebildeten Fahrzeugs und es kann
daraus geschlussfolgert werden, dass sich an dieser Stelle eine Fahrzeug befindet.
Dies ist in Abbildung 3.6 beispielhaft zu erkennen.

---

[1] *Shape Indexing Using Approximate Nearest-Neighbour Search in High-Dimensional Spaces*[BL97]
[2] „Object recognition from local scale-invariant features"[Low99]
[3] *Some methods for classification and analysis of multivariate observations.*[Mac67]
[4] „Mean shift, mode seeking, and clustering"[Che95]

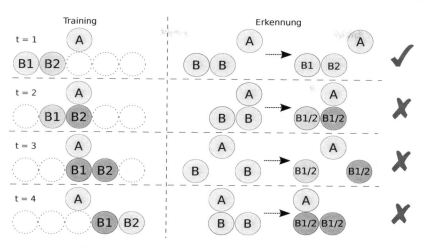

Abbildung 3.7: Illustration des Vertauschungsproblems

3.3.3 Probleme

Der naive Implicit Shape Model Ansatz versagt leider in einigen wichtigen Szenarien. Eines dieser Probleme, „Vertauschungsproblem" genannt, soll hier kurz erläutert werden. Das Vertauschungsproblem tritt in folgender Situation auf:

Angenommen es werden drei Objekte betrachtet. Eines von ihnen, Objekt A, liegt zentral, ist statisch und wird als Referenzpunkt angenommen. Die anderen Objekte, B1 und B2, sind jeweils Objekte das gleichen Typs und bewegen sich in konstantem Abstand zueinander an Objekt A vorbei. Diese Situation ist in Abbildung 3.7 dargestellt. Wie deutlich wird, führt die Erkennung der zweiten Trainingssituation zu einer Doppeldeutigkeit, da sowohl B1 als auch B2 in beiden B-Positionen gesehen wurden. Im Zuge dieser Arbeit ist eine Strategie erarbeitet worden, um diese Probleme des Implicit Shape Models zu erkennen und zu lösen.

3.4 Stand der Technik

Bisherige Verfahren verwenden Implicit Shape Models unter anderem zur Erkennung von Objekten wie Fahrzeugs oder Fußgängern in zweidimensionalen Bildern[1]. Es existieren auch bereits Ansätze für eine Erkennung von Dreidimensionalen Objekten innerhalb von Punktwolken[2]. Wittrowski, Ziegler und Swadzba[3] beschreiben ein System zur Erkennung von Möbelstücken wie beispielsweise Stühlen in Punktwolken anhand von ISMs. Jedoch ist dem Autor momentan kein System bekannt, welches versucht dynamische Szenen mit Hilfe von Implicit Shape Models zu erkennen.

Zur Szenenerkennung gibt es weitere nicht auf Implicit Shape Models basierende Verfahren. Pyramid Matching Kernel[4] und darauf aufbauende Spatial Pyramid Ma-

---

[1] „Combined Object Categorization and Segmentation With An Implicit Shape Model"[LLS04]
[2] „An Implicit Shape Model for object detection in 3d point clouds"[VSS12]
[3] „3D Implicit Space Models using Ray based Hough Voting for Furniture Recognition"[WZS13]
[4] „The pyramid match kernel: Discriminative classification with sets of image features"[GD05]

thing Kernel [1] extrahieren lokale Features aus 2D Bildern und benutzen bereits ihre relativen Positionen zueinander zum bestimmen der Szenentypen. Espinace u. a.[2] verwenden ein Sliding-Window verfahren zur direkten Erkennung von Objekten wie beispielsweise Computermonitoren in zweidimensionalen Bilddaten zur Klassifikation der Szene anhand vorhandener Objekte. Cakir, Güdükbay und Ulusoy[3] schlagen einen ähnlichen Ansatz vor, welcher Nachbarschaftsbeziehungen zwischen signifikanten Bildausschnitten welche durch SIFT-Features gewählt werden.

---

[1] „Beyond bags of features: Spatial pyramid matching for recognizing natural scene categories"[LSP06]

[2] „Indoor scene recognition through object detection"[Esp+10]

[3] „Nearest-Neighbor based Metric Functions for indoor scene recognition"[CGU11]

4. Konzeption

Das Grundprinzip des entwickelten Systems basiert auf einer Abwandlung der generalisierten Hough-Transformation. Diese wurde auf drei Dimensionen erweitert und mit mehreren Nachbearbeitungsschritten ergänzt um nicht nur Positionen sondern auch Orientierungen zu beachten. Dabei besteht die Verarbeitungskette bis zur erfolgreichen Erkennung von Szenen aus drei grundlegenden Schritten. Als Erstes werden über einen längeren Zeitraum von mehreren Minuten bis Stunden hinweg die erkannten Objekte gespeichert. Dabei wird der Aufnahmezeitraum in kleinere Zeitschritte zerlegt (beispielsweise 5 Sekunden) und für jeden Zeitschritt werden die in dieser Zeit seit dem vorherigen Schritt wahrgenommenen Objekte als ein Szenenausschnitt gespeichert. Darauf folgt die Verarbeitung aller aufgenommen Ausschnitte zu einem vollständigen Modell, diese Phase stellt das eigentliche Training dar. Mit dem fertigen Modell werden dann bereits trainierte Szenen innerhalb einer Menge wahrgenommener Objekte erkannt.

4.1 Begriffe

Um eine einfache Beschreibung der Zusammenhänge zu ermöglichen werden hier kurz die verwendeten Begriffe definiert:

Pose

> Eine Pose ist eine Repräsentation einer Lage im Raum. Sie enthält sowohl einen dreidimensionalen Positionsvektor als auch ein Quaternion zur Beschreibung der Orientierung.

Objekt

> Ein Objekt ist eine allgemeine Repräsentation eines von den Objekterkennern erkannten Gegenstandes. Beispielsweise eine Tasse, ein Tisch oder ähnliches. Es muss mindestens folgende Attribute enthalten:
>
> - Typ
> - Identifikator
> - Position in drei Dimensionen
> - Orientierungen in drei Dimensionen

- Gewicht

Der Typ bezeichnet hierbei die generelle Klasse des Objektes, beispielsweise „Tasse". Der Identifikator dagegen ist nicht zwangsweise eine Eigenschaft des realen Gegenstandes, sondern kann auch separat als Annotation den Trainingsdaten beigefügt werden. Sollten beispielsweise zwei identisch aussehende Tassen gleichzeitig erkannt werden (gleicher Objekttyp), so können diese mit Hilfe eines Identifikators als „Tasse 1" und „Tasse 2" unterschieden werden. Identifikatoren lösen damit Probleme in der Unterscheidbarkeit identischer aussehender Objekte innerhalb einer Szene. Das Gewicht eines Objektes ist ein Zahlenwert der festlegt, wie wichtig ein Objekt innerhalb einer Szene ist. Besitzen beispielsweise in einer Szene aus 4 Objekten alle Objekte das Gewicht 1, so wird die Erkennungssicherheit durch das Fehlen eines Objektes um 1/4 verringert.

Objektmenge

Eine Objektmenge enthält eine Anzahl an zu der Szene gehörenden Objekten. Dabei muss jede Kombination aus Objekt-Typ und Objekt-Identifikator jeweils eindeutig sein. Das heißt, es darf keine zwei Objekte in der Menge mit identischem Typ und Identifikator geben. Die Objektmenge enthält damit die bei der Aufnahme innerhalb eines Zeitschrittes gesehenen Objekte.

Szene

Eine Szene bezeichnet ein Objekte oder eine Konstellation mehrerer Objekte, zusammen mit der zeitlichen Änderung ihrer Position und Orientierung . Sie ergibt sich aus der Zusammenfassung aller Objektmengen über die Aufnahmedauer. Zu jeder Szene gehört ein erwartetes Gewicht, welches bestimmt wird aus dem durchschnittlichen Gesamtgewicht der Objektmengen. Das Gesamtgewicht einer Objektemenge bezeichnet dabei lediglich die Summe der Gewichte alle enthaltenen Objekte.

Spur

Die Spur eines Objektes enthält, zeitlich sortiert, alle Vorkommen eines Objektes innerhalb aller zu einer Szene gehörenden Objektmengen. Sie stellt damit die zeitliche Änderung der Position und Lage eines Objektes dar. Sollte ein Objekt in einem Zeitschritt nicht erkannt worden sein, ist an der entsprechende Stelle der Spur der Wert *null* verzeichnet.

Heuristik

Eine Heuristik ist ein Algorithmus, welcher aus einer Menge von Spuren einen gewichteten Vorschlag generiert und aussagt, wie stark zwei bestimmte Spuren innerhalb der Menge zusammenhängen. Das Zusammenhangskriterium kann dabei Situationsabhängig gewählt werden, beispielsweise „Objekte der Spur A sind immer an der linken Seite von Objekten der Spur B". Er implementiert damit die Funktion:
{Menge von Spuren} $\rightarrow$ ($Spur_1$, $Spur_2$, Konfidenz des Vorschlags)

Vote

Ein Vote ist eine Beschreibung der Transformation von einer Objektpose zu einer Referenzpose und eine entsprechende Rücktransformation. Zusätzlich enthält es den Typ und den Identifikator des Objektes, sowie den Szenennamen, für den es eine „Stimme" abgibt.

Angewandtes Vote

Ein angewandtes Vote ist ein Container, welcher ein Objekt und ein Vote, zusammen mit der Referenzpose, speichert. Die Referenzpose erhält man, indem man die Objektpose, mit der im Vote gespeicherten Transformation, transformiert. Zusätzlich enthält es ein Gewicht, welches sich aus der Differenz des Gewichtes des Objektes und dem erwarteten Gesamtgewicht der zum Vote gehörenden Szene ergibt.

Erkennungsergebnis

Ein Erkennungsergebnis ist ein Container, welcher das Erkennungsresultat kapselt. Es beinhaltet den zugehörigen Szenennamen, die eingeschlossenen Objekte aus der Eingabemenge sowie einen Konfidenzwert und die Referenzpose der erkannten Szene.

4.2 Aufnahme

Da Implicit Shape Models auf einer Wiedererkennung im voraus aufgezeichneter geometrischer Konstellationen beruhen, ist es notwendig Beobachtungsdaten aufzuzeichnen. Dies erfolgt im Rahmen der Szenenerkennung indem eine reale Szene über mehrere Minuten oder Stunden hinweg beobachtet wird. Dabei werden die Sensordaten permanent von Objekterkennern verarbeitet, woraus ein konstanter Fluss an erkannten Objekten innerhalb der wahrgenommen Szene resultiert. Diese von den Objekterkennern bereitgestellten Objekte werden wiederholt über einen kurzen Zeitraum (beispielsweise 5 Sekunden) hinweg aggregiert und zu einer Objektmenge zusammengefasst. Die entstandenen Objektmengen werden mit dem Szenennamen annotiert und in einer Datenbank für das spätere Training abgelegt.

4.3 Training

4.3.1 Implicit Shape Model Generierung

Für die Generierung der Implicit Shape Models wird eine auf den Anwendungsfall spezialisierte Auslegung der generalisierten Hough-Transformation benutzt. Um zu verstehen, was in diesem Verfahren berechnet wird, ist es notwendig zuerst das Konzept eines Votes zu verstehen.

4.3.1.1 Vote

Ein Vote repräsentiert im Allgemeinen eine Transformation von einer Objektpose zu einer Referenzpose und eine entsprechende Umkehrtransformation.

Es beinhaltet zwei Drehquaternionenpaare zusammen mit einem Radius als Skalierungsfaktor, sowie dem zugehörigen Szenennamen, Objekttyp und Objektidentifikator(ID). Jedes Quaternionenpaar besteht aus einem Quaternion zur Drehung der aktuellen Objektorientierung in Richtung eines (Referenz-)Punktes und einem Quaternion zur Drehung der aktuellen Objektorientierung in die Orientierung eines anderen Objektes. Das erste Paar stellt dabei die Transformation von Objekt zu Referenzpose und das zweiter Paar die Transformation von Referenzpose zu Ursprungsobjekt dar. Diese Darstellung ermöglicht eine flexible Anwendung der Transformationen. Ist es beispielsweise nur notwendig aus einer Objekt-Vote-Kombination den Zielpunkt des Votes zu errechnen, so muss man lediglich das aktuelle Objekt

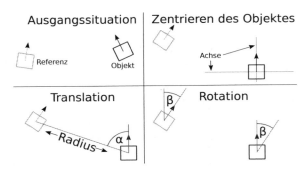

Abbildung 4.1: Errechnung der Votetransformationen in 2 Dimensionen

mit dem Richtungsquaternion drehen und den daraus resultierenden Einheitsvektor in Richtung des Zielpunktes mit dem Radius multiplizieren. Sollte eine komplette Lagetransformation erforderlich sein, führt man den ersten Teil des Verfahrens aus um den neuen Lagepunkt zu erhalten, nach transformiert man lediglich das originale Lagequaternion mit dem Quaternion für die Lageänderung und erhält ein rotiertes und verschobenes Objekt. Dieses Verfahren ist angelehnt an das von Funda, Taylor und Paul präsentierte Verfahren[1] und bietet Vorteile beim Speicheraufwand sowie einer Vermeidung von kardanischen Blockaden bei der Verwendung von Quaternionen im Gegensatz zu 4x4 Transformationsmatrizen.

Die Berechnung eines Votes ist beispielhaft in 2 Dimensionen in Abbildung 4.1 dargestellt und erfolgt durch das folgende Verfahren:

Als Erstes wird das votende Objekt und die Referenzpose in ein Koordinatensystem Γ_O transformiert, sodass das votende Objekt im Ursprung liegt und die durch die Orientierung des Objektes gegeben lokalen Achsen an den Koordinatensystemachsen ausgerichtet sind. Dafür definieren wir zunächst die Einheitsquaternionen $\mathbf{q}_o$ für das Orientierungsquaternion des votenden Objektes und $\mathbf{q}_r$ für das Orientierungsquaternion der Referenzpose sowie einen Vektor $\mathbf{v}_{otr}$ von der Objektposition zur Position der Referenzpose. Dann wird $\mathbf{v}_{otr}$ in den Vektor $\mathbf{v}'_{otr}$ in Γ_O-Koordinaten transformiert.

$$\mathbf{v}'_{otr} \;=\; \mathbf{q}_o \mathbf{v}_{otr} \mathbf{q}_o^{-1} \tag{4.1}$$

Aus diesem Vektor $\mathbf{v}'_{otr}$ kann nun das Drehquaternion $\mathbf{q}_{otr}$ für die Drehung des Objektes berechnet werden, sodass der Blickvektor des Objektes in Richtung der Referenzpose zeigt.

$$
\begin{aligned}
\mathbf{v}_0 &= \mathbf{v}'_{otr}/\|\mathbf{v}'_{otr}\| \\
\mathbf{v}_1 &= \left.(1,0,0)^T\right\} \text{Standard-Blickrichtungsvektor} \\
\mathbf{a} &= \mathbf{v}_0 \times \mathbf{v}_1 \\
w &= 1 + \mathbf{v}_0 \cdot \mathbf{v}_1 \\
\mathbf{t} &= (\mathbf{a_x}, \mathbf{a_y}, \mathbf{a_z}, w)^T \\
\mathbf{q}_{otr} &= t/\|t\|
\end{aligned}
\tag{4.2}
$$

---

[1] „On homogenous transforms, quaternions, and computational efficiency. (technical)"[FTP01]

Zur Berechnung des Drehquaternions $\mathbf{q}_{otrp}$ zwischen der Orientierung des Objektes und der Orientierung der Referenzpose wird lediglich die Standardquaternionenrotation benötigt.

$$\mathbf{q}_{otrp} \;=\; \mathbf{q}_o{}^{-1}\mathbf{q}_r \qquad\qquad (4.3)$$

Dieses Verfahren wird analog wiederholt, jedoch nicht aus Perspektive des Objektes, sondern aus Perspektive der Referenzpose um einen vollständigen Satz aus zwei Quaternionenpaaren für die Transformation zwischen den Posen zu erhalten.

4.3.1.2 Algorithmus zur Generierung von Implicit Shape Models

Der in Algorithmus 1 auf der nächsten Seite dargestellte Ablauf implementiert eine an den Anwendungsfall angepasste Implementierung der Generierung eines Implicit Shape Models. Wie im Voraus schon erwähnt, wird das Modell aus einer zeitlich sortierten Menge von Objektmengen sowie einem Szenennamen generiert. Der Szenenname wird dabei vom Benutzer gegeben, da es sich um einen überwachten Lernvorgang handelt. Das fertige Modell wird in einer Datenbank abgelegt und eine Spur des gewählten Referenzobjektes für die Weiterverarbeitung zurückgegeben.

Referenzpuntwahl

Als ersten Schritt des Verfahrens muss ein geeignetes Referenzobjekt ausgewählt werden. Um dies zu vereinfachen, wird die Menge von Objektmengen O_{MM} in eine Spurenmenge *Spuren* der enthaltenen Objekte umgewandelt. Es folgt die Sortierung der Spurenmenge nach zwei Kriterien, vorerst nach möglichst häufigem Auftauchen des Objektes in den Spuren, darauf folgend nach möglichst niedriger Positionsvarianz. Damit wird sichergestellt, dass Objekte bevorzugt werden, welche bei der Erkennung eine höhere Wahrscheinlichkeit auf Wiederfindung aufweisen. Sollten mehrere Objekt gleich häufig auftauchen, wird das Objekt bevorzugt, welches sich über den Beobachtungszeitrum am wenigsten bewegt. Diese Bedingung hat sich in Experimenten als günstig erwiesen, da Objekte mit einer hohen Positionsvarianz auf schnell bewegte Objekte oder auf ein starkes Sensorrauschen/Erkennerrauschen hindeuten. Da sowohl die Wahl von schnellen Objekten als auch Objekte mit einer großen Sensorrauschen bedingten Positionsvarianz vermieden werden sollen, werden statische Objekte bevorzugt. Nachdem mit diesem Verfahren eine Spur ausgewählt wurde, werden dessen Objekttyp und Objektidentifikator vermerkt, um für die spätere Wiedererkennung des Referenzobjektes benutzt werden zu können.

Generierung des ISM

Es folgt die eigentliche ISM-Generierung. Zunächst wird die Variable *ReferenzSpur* definiert, welche später zurückgegeben werden soll und die Spur des Referenzobjektes enthält. Daraufhin muss über jede Objektmenge O_M in O_{MM} iteriert werden. Zuerst wird ermittelt, ob es in der aktuellen Objektmenge O_M ein Objekt gibt, welches den vorher gewählten Objekttyp und Identifikator des Referenzobjektes besitzt. Wenn dies der Fall ist, dann wird die Pose dieses Objektes als Referenzpose vermerkt. Sollte es kein passendes Objekt in O_M geben, jedoch O_M nicht leer sein, so wird ein beliebiges Objekt aus O_M für die Referenzpose benutzt. Sollte O_M leer sein, so wird *ReferenzSpur* ein Nullobjekt hinzugefügt um eine leere Stelle zu dokumentieren und es wird an das Ende der Schleife gesprungen um ohne weitere Aktionen zur nächsten

---

Algorithmus 1 Generierung eines Implicit Shape Models

Input: Sortierte Menge von Objektmengen O_{MM}, Szenenname $SName$
Output: Referenzspur
1: Referenzspur $\leftarrow \{\}$
2: Spuren $\leftarrow$ Umwandlung von O_{MM} in Menge von Spuren
3: ZielRefTyp, ZielRefID $\leftarrow$ Finde Typ/ID für am häufigsten auftauchendes Objekt.
   Falls nicht eindeutig, bevorzuge weniger Positionsvarianz.
4: **for all** $O_M \in O_{MM}$ **do**
5:    Referenzpose $\leftarrow$ null
6:    **if** $\exists o \in O_M : o.\text{Typ} = \text{ZielRefTyp} \wedge o.\text{ID} = \text{ZielRefID}$ **then**
7:       Referenzpose $\leftarrow o.\text{Pose} : o \in O_M \wedge$
   $o.\text{Typ} = \text{ZielRefTyp} \wedge$
   $o.\text{ID} = \text{ZielRefID}$
8:    **else if** $|O_M| > 0$ **then**
9:       Referenzpose $\leftarrow O_M[1].\text{Pose}$
10:    **else**
11:       Füge null zu Referenzspur hinzu
12:       continue
13:    **end if**
14:    **for all** $o \in O_M$ **do**
15:       Vote $\leftarrow$ Berechne Vote von o nach Referenzpose
16:       Vote.Szenenname $\leftarrow$ SName
17:       Vote.Typ $\leftarrow o.\text{Typ}$
18:       Vote.ID $\leftarrow o.\text{ID}$
19:       Speichere Vote in Datenbank
20:    **end for**
21:    Referenzobjekt $\leftarrow$ Objekt mit: Typ $\leftarrow$ SName
   Pose $\leftarrow$ Referenzpose
   Gewicht $\leftarrow \sum\{o.\text{Gewicht}|o \in O_M\}$
22:    Füge Referenzobjekt zu Referenzspur hinzu
23: **end for**
24: ErwartetesGewicht $\leftarrow \left\lceil \dfrac{\sum\{o.\text{Gewicht}|o \in \text{ReferenzSpur} \wedge o \neq \text{null}\})}{|O_{MM}|} \right\rceil$
25: Speichere Szene in Datenbank mit: Name $\leftarrow$ SName
   ErwartetesGewicht $\leftarrow$ ErwartetesGewicht
26: **return** Referenzspur

Iteration zu gelangen. Die Wahl einer beliebigen Referenzpose im vorherigen Schritt ist dadurch gerechtfertigt, dass ein ISM nicht zwangsweise schlechtere Ergebnisse bei Verwendung eines zufälligen Referenzpunktes liefert. Dabei ist eine zufällige Wahl mit geringerer Erkennungsrate in jedem Fall einer nicht vorhandenen Erkennung vorzuziehen.

Es folgt die Generierung der einzelnen Votes für das Implicit Shape Model. Dafür wird über die Objektmenge O_M iteriert. Für jedes Objekt wird ein Vote zu der im voraus bestimmten Referenzpose nach dem Verfahren in Abschnitt 4.3.1.1 auf Seite 15 generiert, mit Szenenname, Objekttyp und Objektidentifikator annotiert und das Vote in der Datenbank gespeichert. Nach dem Ende der Iteration wird aus der Referenzpose ein Referenzobjekt generiert, welches als Typ den Szenennamen, als Pose die Referenzpose und als Gewicht die Summe aller Objektgewichte in O_M trägt. Dieses Referenzobjekt wird dann der Referenzspur hinzugefügt. Wenn dieser Ablauf für alle Objektmengen in O_{MM} abgeschlossen wurde, wird in der Datenbank ein Eintrag für die gelernte Szene hinterlegt. Dieser enthält den Szenenamen und das erwartete Gewicht aller Objekte in einer Szene. Zur Bestimmung des erwarteten Gewichtes wird erst die Summe aller Gewichte der Objekte in der Referenzspur berechnet. Dieses wird dann durch die Mächtigkeit von O_{MM} geteilt und kaufmännisch gerundet. Am Ende des Verfahrens wird die erstellte Referenzspur zurückgegeben.

4.3.2 Heuristiken

Die Heuristiken bilden in unserem System die zentralen Komponenten zum erkennen von dynamischen Zusammenhängen.

Zur Lösung des in Abschnitt 3.3.3 auf Seite 11 dargestellte Vertauschungsproblem wurde eine Heuristik definiert um direktionale Zusammenhänge innerhalb dynamischer Szenen zu erkennen. Der entwickelt Ansatz basiert auf der Erweiterung bekannter ISM Verfahren um die Erkennung von winkelabhängigen Zusammenhängen. Ein alltägliches Beispiel eines solchen Zusammenhanges ist eine typische „A steht immer rechts von B" Beziehung. Die Heuristiken extrahieren diesen Zusammenhang aus einer gegebenen Spurmenge und geben als Ergebnis ein Spurenpaar zusammen mit einem Konfidenzwert oder nichts zurück. Wurde ein Spurenpaar mit genügender Konfidenz erkannt, wird es als ein separates ISM trainiert und in der Eingabemenge durch die Spur des erzeugten Unter-ISMs ersetzt.

Es ist wichtig festzustellen, dass Heuristiken nicht nur auf diesen Zusammenhang beschränkt sind, sondern beliebige zusammenhänge erfassen können. Für die Lösung aller im Experiment auftretenden Probleme war jedoch die direktionale Heuristik ausreichend.

4.3.2.1 Direktionale Heuristik

Um direktionale Verbindungen zu erkennen, wurde Algorithmus 2 auf der nächsten Seite konzipiert.

Die Eingabe der Heuristik ist eine Mengen von Spuren. Von diesen Spuren werden nun alle Permutationen gebildet, wobei die Spuren immer paarweise verschieden sein müssen. Als Erstes werden die Zeitpunkte in den Spuren festgestellt, in denen die Objekte beider Spuren nicht *null* und somit vorhanden sind. Die Indizes dieser gemeinsamen Zeitpunkte werden in die Menge *GS* eingetragen. Aus der Mächtigkeit

---

Algorithmus 2 Direktionale Heuristik

Input: Spurenmenge M_S
Output: Spurenpaar mit Konfidenz oder nichts
1: Ergebnis, ErgebnisKonfidenz, ErgebnisDistanz $\leftarrow$ null
2: **for all** $S_1 \in M_S, S_2 \in M_S : S_1 \neq S_2$ **do**
3:      $GS \leftarrow \{i \in \mathbb{N} | \exists a_i \neq$ null $\wedge b_i \neq$ null$, a_i \in S_1, b_i \in S_2\}$
4:      $NGS \leftarrow |GS|$
5:      **if** $NGS < (|S_1| *$ MinGemeinsamkeitsQuote$)$ **then**
6:          continue
7:      **end if**
8:      $D \leftarrow \sum\{\|a_i - b_i\| \, | i \in GS, a_i \in S_1, b_i \in S_2\}$
9:      $AD \leftarrow D/NGS$
10:     $BR \leftarrow 0$ ▷ Anzahl der Zusammenhangsbrüche
11:     $RV \leftarrow$ null   ▷ Vektor von $a \in S_1$ in Richtung $a \in S_2$
12:     **for all** $a_i, b_i | i \in GS, a_i \in S_1, b_i \in S_2$ **do**   ▷ i muss monoton steigend sein
13:         **if** $RV =$ null **then**
14:             $RV \leftarrow$ Richtungsvektor von a_i nach b_i in a_i Koordinaten
15:             continue
16:         **end if**
17:         $AV \leftarrow$ Richtungsvektor von a_i nach b_i in a_i Koordinaten
18:         Abweichung $\leftarrow$ Winkelabweichung zwischen AV und RV
19:         **if** Abweichung $>$ Abweichungsschwellwert **then**
20:             $BR \leftarrow BR + 1$
21:             $RV \leftarrow AV$
22:         **end if**
23:     **end for**
24:     **if** $BR < (NGS*$MaxBruchverhältnis$)$ **then**
25:         Distanz $\leftarrow AD$
26:         Konfidenz $\leftarrow BR/NGS$
27:         Kond$_1 \leftarrow$ Ergebnis = null $\vee$ Konfidenz $>$ ErgebnisKonfidenz
28:         Kond$_2 \leftarrow$ Konfidenz = ErgebnisKonfidenz
29:         Kond$_3 \leftarrow$ Distanz $<$ ErgebnisDistanz
30:         Update $\leftarrow$ Kond$_1 \vee$ (Kond$_2 \wedge$ Kond$_3$)
31:         **if** Update **then**
32:             Ergebnis $\leftarrow \{S_1, S_2\}$
33:             ErgebnisKonfidenz $\leftarrow$ Konfidenz
34:             ErgebnisDistanz $\leftarrow$ Distanz
35:         **end if**
36:     **end if**
37: **end for**
38: **return** $\begin{cases} \text{null} & \text{if Ergebnis = null} \\ \text{Ergebnis, ErgebnisKonfidenz} & \text{sonst} \end{cases}$

---

dieser Menge GS wird die Zahl NGS der gemeinsamen Positionen errechnet. Sollte die Anzahl der gemeinsamen Positionen unter einem frei definierbaren prozentualen Schwellwert der Gesamtpositionen $MinGemeinsamkeitsQuote$ liegen, wird diese Spurkombination verworfen und mit der nächsten fortgefahren. Dies dient dazu keine Kombinationen zu betrachten, welche nur eine sehr geringe zeitliche Korrelation aufweisen. Als nächstes wird die Summe D der Distanzen zwischen den beiden Objekten der Spuren für jeden Zeitschritt gebildet. Dabei werden nur die Zeitschritte aus der Menge GS betrachtet, in denen beide Objekte vorhanden sind. Aus dieser Summe ergibt sich der Wert AD des durchschnittlichen Abstandes zwischen den beiden Objekten.

Danach folgt der eigentliche Kern der Erkennung von Richtungsabweichungen. Zunächst werden die Variablen BR für die Anzahl der Zusammenhangsbrüche und RV für den Richtungsvektor von einem Objekt aus S_1 zu einem Objekt aus S_2 definiert. Es folgt eine Iteration über alle gemeinsamen Positionen in S_1 und S_2, wobei den Objekten aus S_1 die Variable a_i und den Objekten aus S_2 die Variable b_i zugewiesen werden. Im ersten Durchlauf der Iteration wird der initiale Vergleichsvektor festgelegt. Dieser stellt den Richtungsvektor von a_i nach b_i im a_i-Koordinatensystem dar. Das heißt, dass der Raum so transformiert wird, dass sich a_i am Nullpunkt befindet und die Orientierung von a_i an beliebigen aber festen Koordinatensystemachsen ausgerichtet ist. Dann errechnet man den Vektor von a_i nach b_i und weist ihn RV zu. Im nächsten Schleifendurchlauf wird der Schleifenvariablen AV ebenfalls dieser Vektor mit den Objekten des nächsten Zeitschrittes zugewiesen und mit dem bestehenden Vektor RV verglichen. Sollte die Winkelabweichung zwfestlegtischen diesen beiden Vektoren den beliebig wählbaren Schwellwert $Abweichungsschwellwert$ überschreiten, so wird der Bruchzähler BR um 1 erhöht und der Vektor RV wird durch AV ersetzt. Dieses Verfahren stellt sicher, dass bei starker Abweichung zwischen vorher gewähltem Vergleichsvektor und neu errechnetem Vergleichsvektor, auf einen neuen Vergleichsvektor übergegangen wird. Da im nächsten Schritt auch überprüft wird ob der Anteil der Zusammenhangsbrüche höher ist als der frei wählbare Schwellwert $MaxBruchverhältnis$, stellt diese Herangehensweise sicher dass sehr stark „flackernde"(in ihren Objektposition springende) Spuren aus der Betrachtung ausscheiden, da sie keinen konstanten, sicheren Zusammenhang bilden. Das Verhältnis von Bruchpunkten zu gemeinsamen Positionen kann interpretiert werden als „Wie oft entsprach unsere Hypothese nicht den realen Gegebenheiten". Sollte das Verhältnis niedrig genug sein, wird die Konfidenz des Paares aus dem Verhältniss der Werte BR und NGS gebildet. Darauf hin müssen folgende Bedingungen erfüllt werden um als Ergebniskandidat zu fungieren:

- Es ist noch kein Ergebniskandidat vorhanden oder die *Konfidenz* ist größer als die des bestehenden Kandidaten

- oder die Konfidenzen sind gleich, aber die durchschnittliche *Distanz* des aktuellen Paares ist kleiner als die der bestehenden Kandidaten.

Diese Bevorzugung kleinerer Distanzen ist grundsätzlich durch die Tatsache begründet, dass die Genauigkeit des allgemeinen ISM-Erkennungsverfahrens auf stabilen Orientierungen der Objekte beruht und größere Abstände bei gleichen Winkelungenauigkeiten der Messungen zu größeren Fehlern im Endergebnis führen. Nach dem Ende dieser Iterationen wird, falls vorhanden, das Ergebnispaar, falls nicht vorhanden, *null* zurückgegeben.

Abbildung 4.2: Spuren und Votes einer trainierten Szene mit Clustering. Bildquelle: [Mei+13]

4.3.3 Training mit Clustering

Für das Training wird auf die in der Aufnahmephase aufgenommenen Objektmengen zurückgegriffen.

Es besteht im Wesentlichen aus dem Clustering der Objektspuren mittels spezieller Heuristiken, gefolgt von der Bildung eines ISMs auf Basis aller nicht-clusterfähigen verbleibenden Spuren. Der grundlegende Trainingsalgorithmus ist im Algorithmus 3 auf der nächsten Seite dargestellt.

Beispielhaft ist in Abbildung 4.2 das Ergebnis des Trainings einer Scene mit Clustering zu sehen. Da sich der Teller und der Becher immer gemeinsam bewegt haben, wurden sie durch die direktionale Heuristik geclustert. Als Referenzobjekt der Subszene wurde der Teller ausgewählt, was man an der Verbindung zwischen Cornflakespackung und Teller erkennen kann.

4.4 Erkennung

Die Wiedererkennung bereits gelernter Szenen stellt den komplexesten Teil des Verfahrens dar. Hier wird versucht aus den im Training berechneten Votes zusammen mit den Eingabedaten aus den Objekterkennern einen Rückschluss auf die betrachtete Szenen zu ziehen.

Der grundlegenden Ablauf der Erkennung ist in Algorithmus 4 auf der nächsten Seite dargestellt. Dabei wird die Erkennung wiederholt ausgeführt bis entweder ein Limit an Durchläufen überschritten wurde oder aus der Erkennungsrunde keine neuen Informationen mehr gewonnen werden können. Dieses iterative Verfahren ist notwendig, da die im Training hierarchisch aufeinander aufbauenden Zusammenhänge nicht in einem Durchlauf erkannt werden können. Stattdessen werden beim ersten Durchlauf nur Teilaspekte der Szene erkannt, welche dann wieder in die Eingabemenge eingefügt werden und als Basis für die nächsthöhere Hierarchiestufe dienen.

Algorithmus 3 Training

Input: Objektmengenliste M_O, Szenenname N
Output: Menge von ISMs
1: Spuren $\leftarrow$ ObjektmengenListeZuSpuren(M_O)
2: ClusterID $\leftarrow$ 0
3: ISMs $\leftarrow$ {}
4: **while** True **do**
5: $\quad$ Ergebnis $\leftarrow$ Heuristik(Spuren)
6: $\quad$ **if** Ergebnis = null **then**
7: $\qquad$ break
8: $\quad$ **end if**
9: $\quad$ Spur$_1$, Spur$_2$, Konfidenz $\leftarrow$ Ergebnis
10: $\quad$ **if** Konfidenz < Schwellwert **then**
11: $\qquad$ break
12: $\quad$ **end if**
13: $\quad$ SubSzenenName $\leftarrow$ N + '_sub' + ClusterID
14: $\quad$ ISM, ReferenzSpur $\leftarrow$ TrainiereISM({Spur$_1$, Spur$_2$}, SubSzenenName)
15: $\quad$ Spuren $\leftarrow$ (Spuren \ {Spur$_1$, Spur$_2$}) $\cup$ {ReferenzSpur}
16: $\quad$ ISMs $\leftarrow$ ISMs $\cup$ {ISM}
17: **end while**
18: ISM, ReferenzSpur $\leftarrow$ TrainiereISM(Spuren, N)
19: **return** ISMs $\cup$ {ISM}

Algorithmus 4 Erkennung einer Szene

Input: Objektmenge O_I
Output: Ergebnismenge
1: Durchlaufzahl $\leftarrow$ 0
2: Nochmal $\leftarrow$ False
3: **repeat**
4: $\quad$ Ergebnis, O_I, Nochmal $\leftarrow$ Erkennungsrunde mit O_I
5: $\quad$ Durchlaufzahl $\leftarrow$ Durchlaufzahl + 1
6: **until** Durchlaufzahl > MaxDurchlaufZahl $\vee$ Nochmal = False
7: **return** Ergebnis

4.4.1 Erkennungsrunde

In der Erkennungsrunde werden die Votes auf die Eingabeobjekte angewandt, die Ergebnisse aggregiert und die Ergebnisse, zusammen mit einer veränderten Eingabemenge und einem Indikator, ob eine wiederholte Ausführung weitere Informationen liefern könnte, zurückgegeben.

Da das Anwenden der Votes für jede zu erkennende Szene separat geschieht, wird zuerst eine Hashtabelle *SzenentypZuVotes* erstellt, in der die zu aggregierenden angewendeten Votes nach Szenennamen gruppiert werden. In dieser Hashtabelle wird der Szenenname als Schlüssel und jeweils eine Menge angewandter Votes als Wert benutzt. Auch wird eine Indikatorvariable *Nochmal* benötigt, um bei der Rückgabe eine zu wiederholende Anwendung des Algorithmus zu indizieren. Im ersten Schritt des Verfahrens wird über alle Eingabeobjekte o der Eingabemenge I iteriert. Sollte das betrachtete Objekt aus der Eingabemenge bereits einen erkannten Typ haben, wird dieser als einziger Typ in die Menge *Typen* eingefügt. Sollte jedoch kein Objekttyp erkannt worden sein, werden alle bekannten Objekttypen aus der Datenbank entnommen und in die Menge eingefügt. Dann wird über alle Typen t in *Typen* iteriert. Es wird geprüft ob das Eingabeobjekt o einen erkannten Objektidentifikator trägt. Sollte dies der Fall sein, werden aus der Datenbank alle Votes gelesen, welche den Objekttyp o.Typ und den Objektidentifikator o.ID tragen. Sollte das Objekt o keinen erkannten Identifikator aufweisen, werden sämtliche Votes für den passenden Objekttyp geladen. Die Votes werden in der Variable *Votes* gespeichert. Nun wird über jedes Vote v aus *Votes* iteriert. Zunächst muss die Szenendefinition für den in v enthaltenen Szenennamen in die Variable *Szene* geladen werden. Dann wird der Variablen *Referenzpose* das Ergebnis der Anwendung des Votes auf die Objektpose o.Pose zugewiesen. Dies repräsentiert die erwartete Position und Orientierung des Referenzpunktes aus Sicht des Objektes für dieses Vote. Aus diesen Daten wird ein angewandtes Vote V erstellt, welches die Refernzpose, die Votedefinition v, das Ausgangsobjekt o sowie das sich aus Objekt und Szene ergebende Gewicht enthält. Das angewandte Vote wird dann in die Hashtabelle in die zum Szenennamen gehörende Menge eingefügt. Dies schließt den ersten Schritt des Algorithmus ab.

Der zweite Schritt beschäftigt sich mit der Aggregation der angewandten Votes und ist ebenfalls essentiell für den Aufbau der Szenenhierarchien. Dafür wird über die *SzenentypZuVotes* Hashtabelle iteriert, wobei der Szenenname der Variable *SName* und die Votemenge der Variable V zugewiesen wird. Dann wird wie in Abschnitt 4.4.2 auf der nächsten Seite und Abschnitt 4.4.3 auf der nächsten Seite beschrieben eine Aggregation, Einpassung und Rückprojektion mit den Votes aus V durchgeführt, woraus sich die Ergebnismenge *Ergebnisse* ergibt. Daraufhin wird über jedes *Ergebnis* in *Ergebnisse* iteriert. Sollte es in der Datenbank einen Objekttyp mit dem Namen der erkannten Szene *Ergebnis.Szenenname* geben, so wird für das Ergebnis ein neues Objekt für die Eingabemenge generiert, welches diese Subszene repräsentiert. Dafür bildet man ein neues Objekt *RefObjekt* welches als Objekttyp den erkannten Szenennamen trägt. Als Pose des neuen Objektes wird die Referenzpose der erkannten Subszene gewählt. Die Konfidenz der erkannten Subszene geht direkt in die Konfidenz des neuen Objektes über. Das Gewicht des Objektes wird aus der Summe der Gewichte aller in der Subszene erkannten Objekte berechnet. Zur Modifikation der Eingabemenge I muss zunächst überprüft werden, ob es in I bereits ein Objekt mit identischem Typ, Identifikator und identischer Pose wie *RefObjekt* gibt. Sollte dies erfüllt sein und die Konfidenz oder das Gewicht des vorhandenen

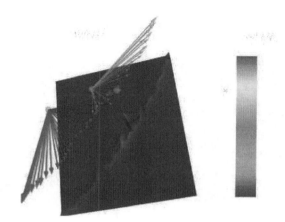

Abbildung 4.3: Aggregation der Votes zweier Objekte. Bildquelle: [Mei+13]

Objektes kleiner sein, als das von *RefObjekt*, so wird das vorhandene Objekt durch *RefObjekt* ersetzt. Sollte in *I* jedoch kein Objekt mit identischem Type, Identifikator und identischer Pose vorhanden sein, so wird *RefObjekt* der Menge *I* hinzugefügt. In beiden Fällen wurde die Eingabemenge verändert und somit besteht die Chance, dass sich die Erkennung in einem weiteren Durchlauf mit der veränderten Eingabemenge verbessert, daher wird der Indikator *Nochmal* auf *True* gesetzt. Am Ende der Schleife wird *Ergebnis* der Endergebnismenge hinzugefügt. Wurden alle Schleifen durchlaufen, gibt der Algorithmus die Endergebnismenge, die veränderte Eingabemenge sowie den Wiederholungsindikator zurück.

4.4.2 Aggregation

In der Aggregationsphase werden alle angewendeten Votes in einen diskretisierten dreidimensionalen Votingraum eingefügt. Die Diskretisierung wird dabei über ein Voxelgrid realisiert. Dazu wird über jedes Vote in der Votingmenge iteriert und die x/y/z-Koordinate jedes Votes durch eine vorher festgelegte Bucketgröße geteilt. Dabei wird die ganzzahlige Division verwendet und die Nachkommastellen verworfen. Das Vote wird dann in den entsprechenden Bucket eingebracht.

Eine Projektion des Aggregationsvorgangs auf ein zweidimensionales Voxelgrid ist in Abbildung 4.3 dargestellt. Zu sehen darin sind zwei votenden Objekte zusammen mit einem Peak an der Position an die beide Objekte gleichzeitig voten.

Exemplarisch wird eine Bucketgröße von 5 festgelegt und ein Vote an der Position $(4, 6.8, 9)$ betrachtet, dann wird dieses Vote dem Bucket an der Position $(0, 1, 1)$ zugeordnet.

4.4.3 Einpassung und Rückprojektion

Die Einpassung und Rückprojektion stellt die eigentliche Szenenerkennung dar. Sie wird jeweils mit dem Inhalt eines Buckets ausgeführt und liefert als Rückgabewert einen Szenenvorschlag. Das Verfahren besteht aus zwei Schritten: Der Auswahl eines Referenzpunktkandidaten, welcher für den Einpassungsversuch genutzt werden

---

Algorithmus 5 Erkennungsrunde

Input: Objektmenge I
Output: Ergebnismenge, ergänzte Eingabemenge, Wiederholungsindikator

1: SzenetypZuVotes ← Hashmap mit Szenentyp als Schlüssel und Votemenge als Wert
2: Nochmal ← False
3: **for all** $o \in I$ **do**
4:     Typen ← $\begin{cases} \{o.\text{Typ}\} & \text{if } o.\text{Typ} \neq \text{null} \\ \text{Alle Objekttypen aus der Datenbank} & \text{sonst} \end{cases}$
5:     **for all** $t \in$ Typen **do**
6:         Votes ← $\begin{cases} \text{Votes aus Datenbank mit Typ } t & \text{if } o.\text{ID} = \text{null} \\ \text{Votes aus Datenbank mit Typ } t \text{ und ID } o.\text{ID} & \text{if } o.\text{ID} \neq \text{null} \end{cases}$
7:         **for all** $v \in$ Votes **do**
8:             Szene ← Szenendefinition aus der Datenbank für v.Szenenname
9:             Referenzpose ← Wende Vote auf Objektpose o.Pose an
10:            V ← Angewandtes Vote mit:
                   Pose ← Referenzpose
                   VoteDefinition ← v
                   Ausgangsobjekt ← o
                   Gewicht ← o.Gewicht/Szene.ErwartetesGewicht
11:            Füge V in SzenetypZuVotes[Szene.name] ein
12:        **end for**
13:    **end for**
14: **end for**
15: EndErgebnisse ← {}
16: **for all** SName, $V \in$ SzenetypZuVotes **do**
17:     Ergebnisse ← Aggregation, Einpassung und Rückprojektion mit V
18:     **for all** Ergebnis $\in$ Ergebnisse **do**
19:         **if** Objekt in Datenbank mit Typ = Ergebnis.Szenenname **then**
20:             RefObjekt ← Neues Objekt mit:
                   Typ ← Ergebnis.Szenenname
                   Pose ← Ergebnis.Referenzpose
                   Konfidenz ← Ergebnis.Konfidenz
                   Gewicht ← $\sum\{o.\text{Gewicht} : o \in \text{Ergebnis.Objekte}\}$
21:             **if** Objekt o_i in I mit gleichen Typ/ID/Pose wie RefObjekt und
22:                     kleinerem Gewicht oder Konfidenz **then**
23:                 Ersetze o_i in I mit RefObjekt
24:                 Nochmal ← True
25:             **else if** Kein Objekt o_i in I mit gleichen Typ/ID/Pose **then**
26:                 Füge RefObjekt in I ein
27:                 Nochmal ← True
28:             **end if**
29:         **end if**
30:         Füge Ergebnis in EndErgebnisse ein
31:     **end for**
32: **end for**
33: **return** EndErgebnisse, I, Nochmal

---

soll und dem eigentlichen Einpassungsdurchlauf, welcher als zentrale Komponente die Rückprojektion beinhaltet. Die Auswahl des Referenzpunktkandidaten und der Aufruf der Einpassungsfunktion sind in Algorithmus 6 dargestellt.

4.4.3.1 Referenzwahl

Algorithmus 6 Referenzpunktauswahl und Einpassungsversuch

Input: Angewandte Votemenge V
Output: Ergebnisvorschlag
  1: $V \leftarrow$ sortiere Votes in V absteigend nach Konfidenz
  2: **for all** $v \in V$ **do**
  3:      Einpassung $\leftarrow$ Passe Votes ein für Votemenge $\leftarrow V$
                                                        Referenzvote $\leftarrow v$
  4:      **if** Einpassung $\neq$ null **then**
  5:            Konfidenz $\leftarrow 0$
  6:            Objektmenge $\leftarrow \{\}$
  7:            **for all** $v_e \in$ Einpassung.Votes **do**
  8:                  Konfidenz $\leftarrow$ Konfidenz $+ v_e$.Gewicht
  9:                  Erstelle eine Objektkopie o aus v_e.Ausgangsobjekt
 10:                  o.Typ $\leftarrow v_e$.VoteDefinition.Typ
 11:                  o.ID $\leftarrow v_e$.VoteDefinition.ID
 12:                  Füge o in Objektmenge ein
 13:            **end for**
 14:            **return** Neues Erkennungsergebnis mit:
                                Objekte $\leftarrow$ Objektmenge
                                Referenzpose $\leftarrow v$.Pose
                                Szenenname $\leftarrow v$.Szenenname
                                Konfidenz $\leftarrow$ Konfidenz
 15:      **end if**
 16: **end for**
 17: **return** null

Dabei werden die angewandten Votes aus der Eingabemenge V erst nach Gewicht sortiert. Dies ist damit zu begründen, dass das wichtigste Vote als bester Kandidat für einen Referenzpunkt gesehen wird, was aus der Tatsache folgt, dass ein höheres Objektgewicht äquivalent ist, zu einer größeren Menge an unterstützenden Objekten, welche in einer Hierarchie unterhalb des betrachteten Objektes existieren. Nach der Sortierung wird die Einpassung der restlichen Objekte relativ zum Referenzvote v vorgenommen. Sollte diese Einpassung ein erfolgreiches Ergebnis liefern, so wird dieses Ergebnis in ein Erkennungsergebnis konvertiert. Dazu wird über jedes erfolgreich in das Modell eingepasste Vote iteriert. Die Konfidenz des Votes wird zur Konfidenz des Erkennungsergebnisses addiert, welche mit „0" initialisiert wurde. Dann wird eine Kopie des Ausgangsobjektes erstellt und mit dem Typ und dem Identifikator des Votes annotiert. Dies behandelt den Sonderfall, in dem der Objekterkenner dem Ausgangsobjekt keinen Typ oder Identifikator zugewiesen hat, dieser aber durch die Einpassung des Votes inferiert werden konnte. Das modifizierte Objekt wird dann der Objektmenge des Erkennungsergebnisses hinzugefügt. Nach der Iteration wird das Erkennungsergebnis, bestehend aus den generierten Objekten, der Referenzpose des Votes v, dem Szenennamen des Votes und der errechneten Konfidenz, zurückgegeben. Sollte die Einpassung nicht erfolgreich sein, wird die Schleife weiter durchlaufen, um Referenzposen anderer Votes zu testen. In dem Fall, dass alle Votes kein hinreichendes Einpassungsergebnis erzeugen, wird *null* zurückgegeben, um eine gescheiterte Erkennung zu indizieren.

4.4.3.2 Einpassung

Algorithmus 7 Einpassung

Input: Angewandte Votemenge V, Referenzvote v_r
Output: Ergebnisvorschlag
 1: Gewählt $\leftarrow \{v_r.\text{Ausgangsobjekt}\}$
 2: EingepassteVotes $\leftarrow \{v_r\}$
 3: **for all** $t \in \{v.\text{VodeDefinition.Typ}|v \in V\}$ **do**
 4:    IDs $\leftarrow \{v.\text{VodeDefinition.ID}|\ v \in V \wedge$
$v.\text{VoteDefinition.Typ} = t\wedge$
$(v.\text{VoteDefinition.Typ} \neq v_r.\text{VoteDefinition.Typ}\wedge$
$v.\text{VoteDefinition.ID} \neq v_r.\text{VoteDefinition.ID})\}$
 5:    **for all** ID $\in$ IDs **do**
 6:       Votes $\leftarrow \{v|v \in V \wedge v.\text{VoteDefinition.Typ} = t\wedge$
$v.\text{VoteDefinition.ID} = \text{ID}\}$
 7:       **for all** $v \in \{v|v \in Votes \wedge v.\text{Ausgangsobjekt} \notin$ Gewählt$\}$ **do**
 8:          ProjizierterPunkt $\leftarrow$ Rückprojektion von v_r.Pose mittels v
 9:          Distanz $\leftarrow$ Distanz zwischen ProjizierterPunkt und
v.Ausgangsobjekt.Pose.Punkt
10:          Winkel $\leftarrow$ Winkel zwischen den Blickvektoren von v.Pose und v_r.Pose
11:          **if** Distanz $\leq$ Bucketgröße $\wedge$ Winkel $\leq$ MaximalerWinkelabstand **then**
12:             Gewählt $\leftarrow$ Gewählt $\cup \{v.\text{Ausgangsobjekt}\}$
13:             EingepassteVotes $\leftarrow$ EingepassteVotes $\cup \{v\}$
14:             break
15:          **end if**
16:       **end for**
17:    **end for**
18: **end for**
19: **return** EingepassteVotes

In der Einpassungsphase wird versucht die in den Bucket eingegangenen Votes im Bezug zu einem ausgewählten Referenzvote so auf die dazugehörigen Ausgangsobjekte zu verteilen, dass am Ende jedes Objekt nur ein Vote zur Szene beiträgt und die verwendeten Votes nicht im Widerspruch zu dem Modell der Szenen stehen. Um dies zu erreichen wird jeweils ein Vote aus der Votemenge des Buckets festgehalten und mit den verbleibenden Votes eine Greedy-Suche durchgeführt, welche versucht, Votes möglichst schnell auf die beteiligten Objekte zu verteilen. Durch diesen Ansatz ist es möglich, dass die gefundene Einpassung der Votes in das Szenenmodell nicht optimal ist, jedoch ist mit einigen Feineinstellungsparametern der Zuweisungsfehler einfach mit der Ausführungsgeschwindigkeit abzustimmen. Der Vorgang ist in Algorithmus 7 in Pseudocode verdeutlicht.

Grundlegend versucht der Einpassungsalgorithmus jedem Ausgangsobjekt genau ein Vote zuzuweisen, sodass die Gesamtheit der zugewiesenen Votes mit dem Modell in Einklang stehen. Dies bedeutet ferner, dass keine zwei zugewiesenen Votes die gleiche Typ/ID Kombination besitzen dürfen und dass die Positions- und Winkelabweichung der Referenzpose der gewählten Votes von der Referenzpose des im vorigen Schritt festgehaltenen Referenzvotes einen gesetzten Ungenauigkeitsschwellwert nicht überschreiten darf.

Im ersten Schritt des Verfahrens werden zwei Mengen *Gewählt* und *EingepassteVotes* erstellt. Die Menge *Gewählt* enthält Referenzen zu Ausgangsobjekten, welchen bereits ein Vote zugewiesen wurde. Sie ist mit dem Ausgangsobjekt des Referenzvotes initialisiert. Die Menge *EingepassteVotes* beinhaltet die bereits verteilten Votes. In der ersten Iteration wird über jeden Objekttyp t iteriert, welcher in der Votemenge V enthalten ist. Innerhalb dieser Schleife wird die Menge *IDs* erzeugt, welche alle IDs enthält, die in Votes des Typs t auftauchen. Dabei wird die Typ/ID-Kombination des Referenzvotes ausgelassen, da dieses schon in der Ergebnismenge enthalten ist. Darauf folgend wird über jede *ID* in *IDs* iteriert. Innerhalb dieser Schleife wird zunächst die Variable *Votes* definiert. Die Menge *Votes* besteht aus allen Votes aus V mit dem Typ t und der ID *ID*. Über diese Votemenge wird nun ebenfalls über jedes Vote v iteriert, wobei in jedem Schleifendurchlauf zusätzlich geprüft wird, ob das Ausgangsobjekt für das zu betrachtende Vote bereits vergeben ist. Sollte dies das Fall sein, wird das betreffende Vote übersprungen. Innerhalb der Voteiteration wird die eigentliche Rückprojektion durchgeführt. Zunächst wird versucht anhand der Pose des Referenzvotes und der Rücktransformation des Votes v auf den Ursprungspunkt *ProjizierterPunkt* des Ausgangsobjektes zurückzuschließen. Daraus wird die Abweichung *Distanz* zwischen dem projizierten und dem echten Ursprungspunkt aus dem Ausgangsobjekt von v berechnet. Darauf folgt die Berechnung des Winkels zwischen der Orientierung der von v vorgeschlagenen Referenzpose und der durch v_r gewählten Referenzpose. Dann wird geprüft, ob die Distanz kleiner oder gleich der Bucketgröße und der Winkelunterschied kleiner als *MaximalerWinkelabstand* ist. Die Bucketgröße wird dabei als generelle Sensitivität oder „ungefähre maximale Positionsabweichung" der Erkennung verstanden. Es wäre in gleichem Maße möglich an dieser Stelle einen separaten frei gewählten Parameter zu verwenden, die Bucketgröße hat sich in Experimenten jedoch als ausreichend erwiesen um zuverlässige Ergebnisse zu generieren. *MaximalerWinkelabstand* ist ein weiterer frei wählbarer Parameter um die Genauigkeit des Ergebnisses gegenüber Geschwindigkeit und Sensorrauschen abzuwägen. Dabei hat sich eine Abweichung von $10°$ als geeigneter Wert herausgestellt. Sollen die beiden Bedingungen erfüllt werden, so wird das Ausgangsobjekt von v der Mengen *Gewählt* und v der Menge *EingepassteVotes* hinzugefügt und die Schleife verlassen. Nachdem alle Schleifen für alle Typ/ID-Kombinationen durchlaufen wurden, wird die Menge *EingepassteVotes* als Ergebnismenge zurückgegeben.

5. Implementierung

Die Implementierung des Systems orientiert sich sehr stark an den in Kapitel 4 auf Seite 13 dargestellten Komponenten. Den Anforderungen entsprechend wurde das System in objektorientiertem C++ implementiert. Aufgrund der absehbar großen Datenmengen, die bei längeren Aufnahmezeiten entstehen, wurde als Datenbank eine SQLite3 Datenbank[1] gewählt, da sie einen geringen Einrichtungsaufwand verlangt, jedoch gleichzeitig ein sicheres Speichern und ein hohe Lesegeschwindigkeit bietet. Um den Code les- und wartbarer zu gestalten wurden Funktionen des neuesten C++11 Sprachstandards[2] benutzt.

5.1 Klassen

5.1.1 Recorder

Der Aufnahmevorgang greift zurück auf eine trivialen Klasse **Recorder** zusammen mit den in Abbildung 5.1 auf Seite 32 dargestellten Containerklassen **Object** und **ObjectSet**. Der Konstruktor der **Recorder**-Klasse erlaubt als Parameter lediglich die Angabe einer Zieldatei für die Datenbank. Des Weiteren besitzt sie nur eine Methode **insert**, der ein **ObjectSet** und ein **String** mit dem Szenennamen übergeben werden, um dann in der Datenbank abgespeichert zu werden.

5.1.1.1 Datenbankschema

Das Datenbankschema für die Aufnahme ist denkbar einfach, es basiert auf drei Datenbanktabellen:

recorded_objects
> id INTEGER PRIMARY KEY, type TEXT, observedId TEXT, setId INTEGER, px FLOAT, py FLOAT, pz FLOAT, qw FLOAT, qx FLOAT, qy FLOAT, qz FLOAT

recorded_sets
> id INTEGER PRIMARY KEY, patternId INTEGER

---

[1] *SQLite3, Small. Fast. Reliable. Choose any three.*[Hip13]
[2] „The design of C++ 0x"[Str05]

recorded_patterns
> id INTEGER PRIMARY KEY, name TEXT UNIQUE

Dabei korrespondiert **recorded_objects** mit den in 4 auf Seite 13 definierten Objekten, **recorded_sets** mit den Objektmengen und **recorded_patterns** mit den Szenen.

Für jedes zu speichernde **ObjectSet** wird sichergestellt, dass ein entsprechender Eintrag für den Szenennamen in der **recorded_patterns** Tabelle vorliegt. Daraufhin wird in der **recorded_sets** Tabelle ein neuer Eintrag mit der entsprechenden **patternId** der Szene erstellt. Nun werden alle Objekte aus dem **ObjectSet** mit der dem Set entsprechenden **setId** in der **recorded_objects** Tabelle abgelegt.

Dieser Aufbau der Datenbank erlaubt es auf einfachem Wege und ohne Datenredundanz mehrere aufgenommene Szenen gleichzeitig in einer Datenbank zu hinterlegen. Auch macht es das Benutzen einer Datenbanklösung trivial, in mehreren zeitversetzten Durchläufen Aufnahmedaten für die gleiche Szene zu sammeln, da aus Sicht der Datenbankschicht kein Unterschied zwischen einer Ersten und weiteren Aufnahmen besteht und für diesen Fall keinerlei Sonderfälle betrachtet werden müssen.

5.1.2 Trainer

Die im Trainingsprozess involvierten Klassen sind in Diagramm 5.1 auf der nächsten Seite ersichtlich. Zu beachten ist, dass in der Abbildung aus Platzgründen nicht alle Klassenmethoden aufgelistet sind, sondern nur die für das Training relevanten öffentlichen Methoden und Attribute.

Die Klasse **Trainer** bildet die öffentliche Schnittstelle für den gesamten Trainingsprozess. Die Methode **setUseClustering()** aktiviert/deaktiviert die Bildung von Hierarchien während des Trainings, sollte es mit **true** aufgerufen werden, so wird im Verlauf des Trainings die in Abschnitt 4.3.2.1 auf Seite 19 beschriebenen Heuristik zur Hierarchiebildung verwendet. Da das System auf der Grundidee beruht, dass weitere Heuristiken nach Bedarf leicht erstellt und integriert werden können, wird die abstrakte Klasse **Heuristic** als Schnittstelle für allgemeine Heuristiken eingeführt. Die Methode **trainPattern** der **Trainer** Klasse startet den eigentlichen Trainingsvorgang für die Szene mit dem angegebenen Namen. Sie benutzt zunächst den **TableHelper**, um mit Hilfe der Methode **getRecordedPattern()** alle Aufnahmen der genannten Szene aus der Datenbank zu laden. Dann wird eine Spurenmenge aus den geladenen **ObjectSets** generiert, welche mit der Heuristik bewertet wird. Dem Algorithmus 3 auf Seite 23 folgend, wird als Nächstes das eigentliche ISM generiert. Für die Wahl der Referenzpose ist es notwendig, die Abstände zwischen den einzelnen Objekten einer Spur zu errechnen, wofür auf die Methode **getDistanceBetweenPoints()** der **MathHelper**-Klasse zurückgegriffen wird.

Diese stellt ebenfalls die später benötigte Funktion **getVoteSpecifierToPose()** bereit, welche die in Abschnitt 4.3.1.1 auf Seite 15 dargestellten Berechnungen für die Erzeugung eines Votes durchführt. Das erstellte Vote wird dann mit Hilfe der Funktion **insertModelVoteSpecifier()** in der Datenbank abgelegt. Am Ende der Trainingsvorgangs wird mit Hilfe der Methode **upsertModelPattern()** das erwartete Gesamtgewicht der trainierten Szenen angepasst, um mit den gelernten Daten übereinzustimmen.

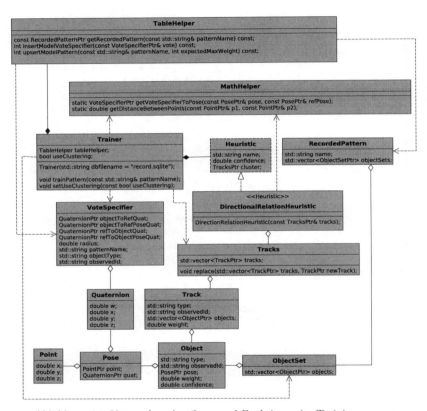

Abbildung 5.1: Verwendete Attribute und Funktionen im Trainingsprozess

5.1.2.1 Datenbankschema

Ähnlich dem Recorder ist das Datenbankschema für das trainierte Modell vollständig normalisiert. Es enthält die Tabellen **model_votes**, **model_objects** und **model_patterns**. Die Spalten der Datenbanktabellen korrespondieren dabei direkt mit den in Abschnitt 4 auf Seite 13 dargestellten Abstraktionen und Verfahren.

model_votes
> id INTEGER PRIMARY KEY, objectId INTEGER,
> patternId INTEGER, observedId TEXT, radius FLOAT,
> qw FLOAT, qx FLOAT, qy FLOAT, qz FLOAT,
> qw2 FLOAT, qx2 FLOAT, qy2 FLOAT, qz2 FLOAT,
> qpw FLOAT, qpx FLOAT, qpy FLOAT, qpz FLOAT,
> qpw2 FLOAT, qpx2 FLOAT, qpy2 FLOAT, qpz2 FLOAT

model_objects
> id INTEGER PRIMARY KEY, type TEXT UNIQUE

model_patterns
> id INTEGER PRIMARY KEY, name TEXT UNIQUE,
> expectedMaxWeight INTEGER

Für zu speichernde Votes wird erst sichergestellt, dass die entsprechende Szenendefinition in der **model_patterns** Tabelle und die entsprechende Objektdefinition in der **model_objects** Tabelle vorhanden sind. Dann wird die zum im Vote vermerkten Szenennamen passende **patternId** beziehungsweise zum votenden Objekttyp gehörende **objectId** zusammen mit den serialisierten Votedaten in der **model_votes** Tabelle abgelegt. Wie in Abschnitt 5.1.2 auf Seite 31 beschrieben wird am Ende des Trainingsprozesses mit der **upsertModelPattern()** Funktion der **TableHelper** Klasse der Wert **expectedMaxWeight** der gespeicherten Szene aktualisiert.

5.1.3 Recognizer

Die **Recognizer** Klasse bildet die öffentliche Schnittstelle des eigentlichen Erkennungsverfahrens. Es besitzt neben dem Konstruktor nur eine weitere Methode namens **recognizePattern()**, welche als Eingabe ein **ObjectSet** erhält. Dieses **ObjectSet** enthält erkannte Objekte aus einem beliebigen vorgeschalteten Erkennungsverfahren. Der Rückgabewert der **recognizePattern()**-Methode besteht aus einem **vector** von **RecognitionResult** Containern. Diese enthalten den Namen der erkannten Szene, ihre Referenzpose, ein **ObjectSet** mit den in der Eingabemenge erkannten Objekten, sowie eine Konfidenz und die Menge **subPatterns**. Die **subPatterns**-Menge ist nur dann nicht leer, wenn im Trainingsprozess erfolgreich Heuristiken angewandt wurden. Sie enthält für jeden durch einen Heuristik erkannten Zusammenhang das Sub-ISM, welches aus den durch die Heuristik gewählten Unterobjekten besteht.

Dem Algorithmus 4 auf Seite 23 folgend, werden zuerst mit Hilfe der Funktionen **getVoteSpecifiersForObjectTypes()** der **TableHelper**-Klasse die Votes der an der Eingabemenge beteiligten Objekttypen geladen. Sollte ein Objekt der Eingabemenge keinen erkannten Objekttyp aufweisen, so werden mit der Funktion **getObjectTypes()** zunächst alle vorhandenen Objekttypen geladen, um in Kombination mit der vorangegangenen Funktion sämtliche Votes aus der Datenbank extrahieren zu können. Da in den folgenden Schritten für jede Szene separat gevotet wird, ist es nötig

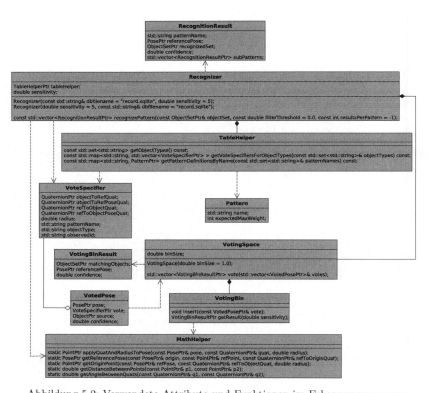

Abbildung 5.2: Verwendete Attribute und Funktionen im Erkennungsprozess

für jeden zu votenden Szenennamen mittels der Funktion **getPatternDefinitions-ByName()** die entsprechenden Szenendefinitionen zu laden. Diese werden benötigt um für die errechneten angewandten Votes die passenden Gewichte zu verteilen. Um die eigentlichen angewandten Votes zu berechnen, bedient sich der **Recognizer** der Funktionen **applyQuatAndRadiusToPose()** sowie **getReferencePose()** der **MathHelper**-Klasse.

Zur Einleitung der Aggregations- und Rückprojektionsphase werden die angewandten Votes für jeden Szenentyp einzeln der Klasse **VotingSpace** übergeben. Dies geschieht durch Aufruf der Funktion **vote**, welcher ein **vector** angewandter Votes übergeben wird. Der **VotingSpace** führt die eigentliche Diskretisierung des Raumes in Buckets durch. Jeder Bucket ist durch eine Instanz der Klasse **VotingBin** repräsentiert, auf der für jedes Vote die **insert()** Methode aufgerufen wird. Nachdem alle Votes in die **VotingBins** eingefügt wurden, wird für jeden Bucket die Funktion **getResults()** aufgerufen, welche die Einpassung anstößt und das Einpassungsergebnis zurückliefert. Um die für die Einpassung notwendigen Berechnungen durchzuführen bedient sich die Klasse der Hilfsfunktionen **getOriginPoint()**, **getDistanceBetweenPoints()** sowie **getAngleBetweenQuats()** der **MathHelper**-Klasse.

5.2 Hilfsprogramme für das Terminal

Um das Arbeiten mit den entwickelten Komponenten zu erleichtern, wurden einige Hilfsprogramme für das Linux-Terminal entwickelt.

trainer

Das wichtigste Hilfsprogramm ist der **trainer**. Es wird benutzt um den Trainingsprozess für die aufgenommenen Daten anzustoßen.

dataMerger

Der **dataMerger** kann genutzt werden um Aufnahmen und trainierte Modelle zwischen Datenbanken zu übertragen und um mehrere Datenbanken in einer zu vereinen.

modelCleaner

Der **modelCleaner** wird benutzt um alle bestehenden Modelle aus der Datenbank zu löschen. Dies ist immer dann notwendig, wenn ein bereits trainiertes Modell mit neuen Daten aus der Aufnahme ergänzt werden soll, sich die alten Aufnahmedaten aber noch in der Datenbank befinden. Würde dann nochmals trainiert, würden die alten Aufnahmedaten der Datenbank doppelt hinzugefügt. Dies würde die Geschwindigkeit der Erkennung durch die höhere Anzahl an gespeicherten Votes potentiell drastisch verringern.

validator

Dieses Hilfsprogramm wird primär zum Debugging verwendet. Es greift auf eine Datenbank mit sowohl Aufnahme- als auch Modelldaten einer Szene zu und versucht die Aufnahmedaten anhand des generieren Modells wiederzuerkennen. Dabei kann es optional den Typ sowie den Identifikator der Objekte in den Aufnahmedaten vor der Erkennung löschen, um eine Erkennung mit weniger Informationsgehalt zu

Abbildung 5.3: Visualisierung einer Szenenerkennung. Bildquelle: [Mei+13]

testen. Über das Programm können auch nur Ausschnitte der Aufnahmedaten für die Wiedererkennung genutzt und auch die Bucketgröße konfiguriert werden. Am Ende des Validierungsdurchlaufs gibt das Programm einen Durchschnittswert der Erkennungskonfidenzen aus. Sollte eine Erkennung mit gelöschtem Typ/ID gewählt worden sein, wird zusätzlich noch eine Zusammenfassung über die Identifizierungsrate der beteiligten Objekte ausgegeben.

testRunner

Der **testRunner** wird benutzt, um die Leistung des Verfahrens unter verschiedenen Umständen zu messen. Er generiert verschiedene Erkennungsszenarien aus einer größeren Aufnahme und misst die Laufzeit der Erkennung unter Veränderung von Typ/ID-Informationen, Bucketgröße, Anzahl an trainierten Sets, Anzahl an trainierten Objekten sowie aktiviertem und deaktiviertem hierarchischem Clustering. Die Messwerte werden dann für eine spätere Auswertung in einer CSV-Datei gespeichert. Das Format der CSV-Datei ist durch die erste Zeile gegeben und lautet:
setCount, objectCount, sensitivity, useClustering, useType, useId, runtime, confidence

5.3 Visualisierung

Aufbauend auf dem RViz-Paket des Robot Operating Systems und den bisher beschriebenen Programmkomponenten wurde eine dreidimensionale Visualisierung der Erkennungsergebnisse entwickelt. Diese läuft als eigenständiger ROS-Knoten und zeichnet parallel zu bestehenden Objektvisualisierungen das Erkennungsergebnis an die passenden Positionen. Im Falle von erkannten Clustern werden die Beziehungen einzelner Teilszenen zueinander hervorgehoben. Ein Beispiel für die Visualisierung ist in Abbildung 5.3 ersichtlich. Dabei ist zu beachten dass für die dargestellte Visualisierung Marker für die Objekterkennung verwendet wurden, welche in der Visualisierung um Modelle der echten Objekte wie Maus/Tastatur ergänzt wurden.

Visualisiert wird jeweils das beste Erkennungsergebnis. Die Qualität des Ergebnisses ist durch die Farbe der Verbindungslinien gegeben. Ein helles Grün steht für eine sehr sichere Erkennung. Je weiter der Farbton in den roten Bereich wechselt, desto niedriger ist die Erkennungskonfidenz. Die großen roten Pfeile in der Visualisierung repräsentieren die Referenzpunkte von Subszenen. In dem gegebenen Beispiel ist zu erkennen, dass sowohl die beiden Monitore, als auch Maus und Tastatur jeweils ein durch die direktionale Heuristik gegebenes Sub-ISM bilden. Die beiden Unterszenen sind dann wiederum durch den rechten Monitor sowie die Tastatur miteinander verbunden. Daraus ist zu erkennen, dass der rechte Monitor als Referenzobjekt der linken und die Tastatur als Referenzobjekt der rechten Subszene gewählt wurde.

6. Experimente und Ergebnisse

6.1 Laufzeitverhalten

Um das Laufzeitverhalten zu testen, wurden über einen Zeitraum von 30 Minuten eine Szene mit 412 Objektmengen mit insgesamt 2450 Objektposen aufgezeichnet. Jede Objektmenge hatte dabei 6 Objekte, welche aus mehreren Objekterkennungssystemen stammten.

Das Testsystem bestand aus einem Intel® Core™ i5-750 Prozessor mit 2.67 GHz und 4 GiByte Hauptspeicher. Als Betriebssystem wurde Ubuntu 12.04.03 LTS - Precise Pangolin mit dem Linux Kernel 3.2.0-52-generic-pae im 32 Bit Modus verwendet. Die für den Testbetrieb verwendete SQLite-Datenbank wurde auf einer 100 Megabyte großen Ramdisk abgelegt, um Verzögerungen durch eine rotierende Festplatte zu vermeiden.

Die eigentlichen Tests wurden vollautomatisch durch den in Abschnitt 5.2 auf Seite 36 vorgestellten **testRunner** durchgeführt. In Tabelle 6.1 sind sämtliche verwendeten Parameter aufgelistet. Es wurden sämtliche Permutationen der dargestellten Parameter untersucht.

Zu beachten ist, dass es sich bei Implicit Shape Models um ein reines Matching-Verfahren handelt, woraus folgt, dass nur Permutationen bereits gesehener Szenen erkannt werden können. Aus diesem Grund ist es notwendig eine Vielzahl von Konstellationen über einen langen Zeitraum hinweg zu beobachten um eine möglichst breite Wissensbasis zu erhalten. Diese Eigenart der ISMs hat auch zur Folge, dass alle durch das Modell mögliche Konstellationen sicher erkannt werden. Daher war

Tabelle 6.1: Evaluationsparameter

Objektmengen	50, 100, 150, 200, 250, 300, 350, 400
Objekte pro Objektmenge	2, 4, 6
Bucketgröße	0.5m, 0.3m, 0.1m, 0.09m, 0.07m, 0.05m, 0.03m, 0.01m
Benutze Clustering	Ja, Nein

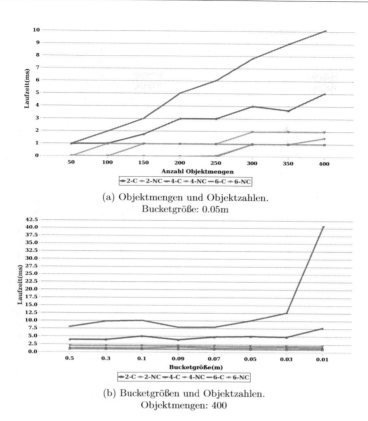

(a) Objektmengen und Objektzahlen.
Bucketgröße: 0.05m

(b) Bucketgrößen und Objektzahlen.
Objektmengen: 400

Abbildung 6.1: Laufzeiten für unterschiedliche Objektmengenzahl, Objektzahlen, Bucketgrößen und Clustering

die Wiedererkennungsrate in allen Testdurchläufen nahe 100%, weswegen in der Evaluation nicht näher auf die Erkennungsrate eingegangen wird.

6.1.1 Ergebnisse

In Abbildung 6.1a ist die Laufzeit unter Veränderung der Objektmengenanzahl dargestellt. Die in der Legende aufgeführten Bezeichner „NC" und „C" stehen für „Non-Clustered" beziehungsweise „Clustered". Die Zahlenwerte repräsentieren jeweils die Anzahl der Objekte innerhalb jeder Objektmenge. Erwartungsgemäß tritt deutlich hervor, dass die Laufzeit mit verwendetem Clustering und steigender Objektzahl deutlich höher ist als die Version ohne Clustering. Dies ist durch die Wiederholung des Voting-Vorgangs in jeder Hierarchiestufe zu erklären. In der gewählten Szene gab es jeweils zwischen zwei Objekten eine direktionale Beziehung, wodurch entsprechend $N - 1$ Hierarchieebenen generiert wurden. Zu beachten ist, dass dies dem Worst-Case-Verhalten einer statischen Szene entspricht. In sehr dynamischen Szenen, in denen nur sehr wenige Objekte in Relation zueinander stehen, wird die Anzahl an

Abbildung 6.2: Versuchsaufbau der Schreibtischszene mit eingezeichneten Spuren der beteiligten Objekte. Bildquelle: [Mei+13]

Hierarchieebenen und damit auch ein signifikanter Teil der Laufzeit reduziert sein, was später in Abschnitt 6.2 ersichtlich wird. Hervorzuheben ist auch, dass trotz der großen Anzahl an Zusammenhängen und einer sehr hohen Zahl an Votes die längste Erkennungszeit für die Erkennung aller 6 Objekte mit aktiviertem Clustering nur 10ms betrug, womit eine Szenenerkennung mit einer Bildwiederholfrequenz gängiger Kameras problemlos möglich ist.

In Abbildung 6.1b auf der vorherigen Seite ist der Einfluss der Bucketgröße dargestellt. Die Laufzeit ist auch hier überwiegend niedrig, wobei der rasante Anstieg der Laufzeit bei sehr niedrigen Bucketgrößen folgendermaßen zu erklären ist:
Die Ungenauigkeit der verwendeten Objekterkenner lag weit über $0.01m$, was zur Folge hatte, dass bei sehr kleinen Bucketgrößen sehr viele nur schwach befüllte Buckets existierten. Da der komplette Einpassungsvorgang für jeden Bucket durchgeführt wird und das Verfahren es erlaubt sehr viele Votes innerhalb eines Buckets zu „überspringen", nachdem ein Vote eingepasst wurde. Es ist bei vielen wenig befüllten Buckets jedoch weniger häufig möglich entsprechende Abkürzungen zu benutzen. Daher steigt der Gesamtrechenaufwand stark an, wenn bei starkem Sensorrauschen und kleinen Bucketgrößen ein neuer Bucket für jedes Positionsabweichnug erstellt wird.

6.2 Verhalten bei veränderlichen Szenen

6.2.1 Versuchsaufbau

Im zweiten Versuch wird eine typische Schreibtischszene aufgezeichnet. Sie bestand aus zwei Monitoren, welche vor einer Tastatur und Maus angeordnet wurden. Im Laufe der Aufzeichnung wurden Maus und Tastatur entsprechend ihrer normalen Benutzung bewegt sowie die Höhe der beiden Monitore verändert. Eine Darstellung der aufgenommen Spuren der Szenenkomponenten ist in Abbildung 6.2 ersichtlich.

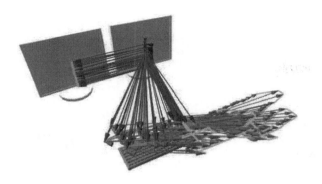

Abbildung 6.3: Versuchsaufbau der Schreibtischszene mit eingezeichneten Spuren und Votingvektoren der beteiligten Objekte. Bildquelle: [Mei+13]

6.2.2 Modellbildung

Abbildung 6.3 zeigt deutlich, dass das generierte Modell korrekte Cluster bildet. Die Heuristik hat die beiden Monitore in eine Unterszene zusammengefasst, zudem wurden die Maus und Tastatur ebenfalls zueinander in Beziehung gesetzt. Erkennbar ist dies durch die gezeichneten Votingvektoren. Zu beachten ist dass die eingezeichneten Vektoren jeweils vom Referenzpunkt der Unterszene auf die verbundenen Objekte zeigen. Daran ist zu sehen, das die Votes des linken Monitors nur vom rechten Monitor abhängen, was bedeutet dass der rechte Monitor als Referenzobjekt in der Unterszene ausgewählt wurde. Analog ist die Maus nur durch die Tastatur mit dem Modell verbunden. Die beiden Unterszenen sind wiederum durch Votes hin zur Tastatur, ausgehend vom rechten Monitor verbunden. Es ist wichtig zu erwähnen dass dies nicht bedeutet, dass die Szene bei fehlendem rechten Monitor nur mit 50% Konfidenz erkannt wird:
Entsprechend dem Erkennungsalgorithmus wird aus den Votes des linken Monitors bei fehlendem rechten Monitor ein virtuelles Objekt für die Unterszene generiert, welches an der erwarteten Position des rechten Monitors platziert wird. Dieses generierte Objekt besitzt aufgrund des Fehlens des rechten Monitors jedoch nur das Gewicht 1, woraus eine Gesamtkonfidenz der Szenenerkennung für die erkannte Szene von 75% resultiert.

6.2.3 Erkennungsverhalten und Konfidenz

In Abbildung 6.4 auf der nächsten Seite ist eine Serie von Konfigurationsänderungen abgebildet. Die Elemente der Visualisierung wurden bereits in Abschnitt 5.3 auf Seite 36 näher erläutert. Im Folgenden werden die einzelnen Szenenänderungen erklärt und verdeutlicht, warum das beobachtete Verhalten dem gewünschten Verhalten entspricht.

Das erste Bild enthält eine normale erfolgreiche Erkennung der Ausgangskonfiguration der Objekte, die grünen Linien sind ein Indikator für eine Erkennungskonfidenz von 100%. Im zweiten Bild wurde der rechte Monitor nach unten verschoben, daraus ergibt sich eine unvollständige Szene. Anhand der roten Linie der Unterszene

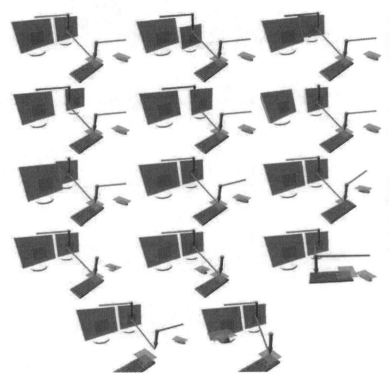

Abbildung 6.4: Erkennungsergebnisse für unterschiedliche Objektkonfigurationen. Bildquelle: [Mei+13]

zwischen den beiden Monitoren ist zu erkennen, dass die Konfidenz der Unterszene auf $\leq 50\%$ gefallen ist, was zu erwarten ist, da einer von zwei Monitoren eine nonkonforme Position eingenommen hat. Die grüne Linie zwischen Maus und Tastatur stellt eine vollständige Unterszene dar. Die orange Linie zwischen den beiden Teilszenen spiegelt eine Gesamtkonfidenz der Szene von 75% wider. Dies entspricht den erwarteten Ergebnissen.

Das dritte Bild zeigt den rechten Monitor an der richtigen Position, jedoch mit einer nonkonformen Orientierung relativ zu den anderen Objekten. Abermals wird der rechte Monitor aus dem Modell ausgeschlossen und die Szene erhält eine Erkennungskonfidenz von 75%. Ein analoges Ergebnis liefern die horizontalen Verschiebungen in Bild 4 und 5.

Die Bilder 6 und 7 zeigen entsprechende Ergebnisse für das Verschieben und Drehen des linken Monitors.

In den Bildern 8 und 9 sind jeweils valide Mausbewegungen erkennbar, welche den erwarteten Positionen des Modells entsprechen und zu einem Erkennungsergebnis von 100% führen.

Bild 10 zeigt die Maus, welche um 90° gedreht wurde. Diese wird, wie erwartet, als nicht der Szene zugehörig erkannt. Das Gleiche gilt auch für Bild 11 in dem die Maus vor die Tastatur platziert worden ist.

In Bild 12 wurde die Tastatur gedreht, wodurch von der Maus ausgehend ein virtuelles Objekt für die nicht passende Tastatur gebildet wird. Das geschieht, weil für jeden Referenzpunkt einer Teilszene, ob vollständig oder nicht, ein Objekt in die Eingabemenge eingefügt wird, um diese Teilszene als ein Objekt in der Hierarchie zu vertreten. Da der Algorithmus die vorhandenen Votes im Rahmen der gesetzten Grenzwerte in die Szene einpasst, auch wenn sie nicht perfekt passen oder besser passendes Votes existieren, ist zu erkennen, dass die von der Maus ausgehende Unterszene die Monitor-Unterszene mit einer gewissen Abweichung „trifft". Da dies jedoch durch die entsprechende Bucketgröße explizit erlaubt ist, beträgt das Gesamtergebnis wie erwartet 75%. Eine ähnliche Situation ist auch in Bild 13 gegeben, in der die Tastatur seitlich verschoben wurde.

Das letzte Bild zeigt die Maus, wie sie im Raum über der Tastatur hängt, wodurch sie erwartungsgemäß von dem Erkenner ignoriert wird. Es ergibt sich die erwartete Konfidenz von 75%.

7. Ausblick und Zusammenfassung

Entworfen und implementiert wurde ein erweiterbares Verfahren zum Lernen und Erkennen vielschichtiger dynamischer Zusammenhänge mehrerer Objekte im dreidimensionalen Raum mit jeweils eigenen Orientierungen. Das System fußt auf einer Erweiterung der auf der generalisierten Hough-Transformation[1] basierenden Implicit Shape Models. Es wendet sie nicht nur in drei Dimensionen an, sondern behandelt in der Rückprojektionsphase auch die Orientierungen der beteiligten Objekte, womit es nicht nur, wie in generischen Implicit Shape Models, einen Referenzpunkt einer Szene finden kann, sondern diesen Referenzpunkt als vollständige sechsdimensionale Pose erlernt und erkennt.

Ebenfalls generiert das System auf Basis von Heuristiken eine Hierarchie aus Implicit Shape Models, welche es erlaubt, Fehlerkennungen klassischer ISMs zu beheben und gleichzeitig mehrere verschachtelte Beziehungen zwischen Objekten zu repräsentieren. Dadurch wird es im Gegensatz zu generischen ISMs möglich, Vertauschungen zwischen Objekten und ihre Orientierungen zueinander in einer Gesamtszene zu beschreiben und sogar als hilfreiche Zusatzinformation in Szenen zu benutzen.

Die Evaluation hat gezeigt, dass das System auch nach langen Beobachtungszeiten von über 30 Minuten, mit 2450 gesehenen Einzelobjekten, die gelernten Szenen auf einem handelsüblichen Desktopcomputer in weniger als 15 Millisekunden erkennen konnte. Damit ist erwiesen, dass es für Soft-Realtime-Aufgaben sehr gut geeignet ist.

Intensive Arbeit muss in Zukunft jedoch noch in die Ausarbeitung und Implementierung neuer Heuristiken für das Erkennen von dynamischen Zusammenhängen zwischen Objekten investiert werden, da die im Rahmen dieser Arbeit entwickelte Heuristik lediglich einige Basisfälle in häufig auftretenden Innenraumszenen mit der Beziehung „B befindet sich immer an einer Seite von A" behandelt.

Darüber hinaus könnte eine Erweiterung des Aggregationsverfahrens von einem diskreten auf einen kontinuierlichen Raum, wie von Leibe, Leonardis und Schiele[2] beschrieben, zu einer weiteren Verbesserung der Erkennung führen.

---

[1] „Generalizing the Hough transform to detect arbitrary shapes"[Bal81]
[2] „Combined Object Categorization and Segmentation With An Implicit Shape Model"[LLS04]

Obwohl nicht unter den Anforderungen aufgeführt, erwies sich im Laufe der Ausarbeitung ein Online-Lernen als durchaus möglich und könnte das Potential des System enorm steigern, da es den Nutzern ein direktes Feedback bezüglich der gelernten Szene und des generierten Modells liefern kann. Online-Lernen würde es ermöglichen schon während der laufenden Aufzeichnung einer Szene vorläufige Erkennungsergebnisse zu erhalten. Diese könnten beispielsweise eingesetzt werden, um gezielt Situationen zu demonstrieren, die noch aufgrund von mangelnden Daten zu Fehlerkennungen führen.

Des Weiteren wird sich die Leistung des Algorithmus für die Verarbeitung deutlich umfangreicherer Aufnahmen weiter steigern lassen, indem der Votingprozess, die Aggregation und die Rückprojektion ihre Arbeit auf mehrere Prozessorkerne verteilen. Dies ist besonders Vielversprechend, da ein großer Teil des Ablaufes, namentlich die Errechnung der Votes jeder Runde sowie die Auswertung einzelner Buckets, unabhängig voneinander und damit trivial parallelisierbar sind.

Literatur

[AAD09]   Pedram Azad, Tamim Asfour und Rüdiger Dillmann. „Combining Harris interest points and the SIFT descriptor for fast scale-invariant object recognition". In: *Proceedings of the 2009 IEEE/RSJ international conference on Intelligent robots and systems*. IROS'09. St. Louis, MO, USA: IEEE Press, 2009, S. 4275–4280. ISBN: 978-1-4244-3803-7. URL: http://dl.acm.org/citation.cfm?id=1732643.1732747.

[AAD10]   Pedram Azad, Tamim Asfour und Rüdiger Dillmann. „Accurate shape-based 6-DoF pose estimation of single-colored objects." In: *IROS*. IEEE, 18. Jan. 2010, S. 2690–2695. URL: http://dblp.uni-trier.de/db/conf/iros/iros2009.html#AzadAD09.

[ABD04]   Daniel F Abawi, Joachim Bienwald und Ralf Dorner. „Accuracy in optical tracking with fiducial markers: an accuracy function for ARToolKit". In: *Proceedings of the 3rd IEEE/ACM International Symposium on Mixed and Augmented Reality*. IEEE Computer Society. 2004, S. 260–261.

[Aza+11]   Pedram Azad, D Munch, Tamim Asfour und Rüdiger Dillmann. „6-dof model-based tracking of arbitrarily shaped 3d objects". In: *Robotics and Automation (ICRA), 2011 IEEE International Conference on*. IEEE. 2011, S. 5204–5209.

[Bal81]   Dana H Ballard. „Generalizing the Hough transform to detect arbitrary shapes". In: *Pattern recognition* 13.2 (1981), S. 111–122.

[BL97]   Jeffrey S. Beis und David G. Lowe. *Shape Indexing Using Approximate Nearest-Neighbour Search in High-Dimensional Spaces*. 1997.

[Can86]   John Canny. „A computational approach to edge detection". In: *Pattern Analysis and Machine Intelligence, IEEE Transactions on* 6 (1986), S. 679–698.

[CGU11]   Fatih Cakir, Uğur Güdükbay und Özgür Ulusoy. „Nearest-Neighbor based Metric Functions for indoor scene recognition". In: *Computer Vision and Image Understanding* 115.11 (2011), S. 1483–1492.

[Che95]   Yizong Cheng. „Mean shift, mode seeking, and clustering". In: *Pattern Analysis and Machine Intelligence, IEEE Transactions on* 17.8 (1995), S. 790–799.

[Esp+10]   P. Espinace, T. Kollar, A. Soto und N. Roy. „Indoor scene recognition through object detection". In: *Robotics and Automation (ICRA), 2010 IEEE International Conference on*. 2010, S. 1406–1413. DOI: 10.1109/ROBOT.2010.5509682.

[FB81] Martin A. Fischler und Robert C. Bolles. „Random sample consensus: a paradigm for model fitting with applications to image analysis and automated cartography". In: *Commun. ACM* 24.6 (Juni 1981), S. 381–395. ISSN: 0001-0782. DOI: 10.1145/358669.358692. URL: http://doi.acm.org/10.1145/358669.358692.

[FTP01] Janez Funda, Russell H Taylor und Richard P Paul. „On homogenous transforms, quaternions, and computational efficiency. (technical)". English. In: *IEEE Transactions on Robotics and Automation* v6.n3 (1990-06-01). table Homogeneous transforms versus quaternion/vector pairs, p382(7).

[GD05] Kristen Grauman und Trevor Darrell. „The pyramid match kernel: Discriminative classification with sets of image features". In: *Computer Vision, 2005. ICCV 2005. Tenth IEEE International Conference on*. Bd. 2. IEEE. 2005, S. 1458–1465.

[Hal67] John H Halton. *Sequential Monte Carlo*. Cambridge Univ Press, 1967.

[Hip13] Dwayne Richard Hipp. *SQLite3, Small. Fast. Reliable. Choose any three.* 2013. URL: http://www.sqlite.org.

[HS88] Chris Harris und Mike Stephens. „A combined corner and edge detector." In: *Alvey vision conference*. Bd. 15. Manchester, UK. 1988, S. 50.

[LLS04] Bastian Leibe, Ales Leonardis und Bernt Schiele. „Combined Object Categorization and Segmentation With An Implicit Shape Model". In: *In ECCV workshop on statistical learning in computer vision*. 2004, S. 17–32.

[Low04] David G Lowe. „Distinctive image features from scale-invariant keypoints". In: *International journal of computer vision* 60.2 (2004), S. 91–110.

[Low99] David G Lowe. „Object recognition from local scale-invariant features". In: *Computer vision, 1999. The proceedings of the seventh IEEE international conference on*. Bd. 2. Ieee. 1999, S. 1150–1157.

[LSP06] Svetlana Lazebnik, Cordelia Schmid und Jean Ponce. „Beyond bags of features: Spatial pyramid matching for recognizing natural scene categories". In: *Computer Vision and Pattern Recognition, 2006 IEEE Computer Society Conference on*. Bd. 2. IEEE. 2006, S. 2169–2178.

[Mac67] J. MacQueen. *Some methods for classification and analysis of multivariate observations*. English. Proc. 5th Berkeley Symp. Math. Stat. Probab., Univ. Calif. 1965/66, 1, 281-297 (1967). 1967.

[Mei+13] P. Meißner, R. Reckling, R. Jäkel, S. R. Schmidt-Rohr und R. Dillmann. „Recognizing Scenes with Hierarchical Implicit Shape Models based on Spatial Object Relations for Programming by Demonstration". In: *Proceedings of the 16th International Conference on Advanced Robotics (ICAR '13) (Accepted)*. 2013.

[Qui+09] Morgan Quigley, Ken Conley, Brian Gerkey, Josh Faust, Tully Foote, Jeremy Leibs, Rob Wheeler und Andrew Y Ng. „ROS: an open-source Robot Operating System". In: *ICRA workshop on open source software*. Bd. 3. 3.2. 2009.

[Sch11]   Arne Schumann. *Visuelle Perzeption für Mensch-Maschine Schnittstel-
            len: People Detection II*. 2011. URL: https://cvhci.anthropomatik.
            kit.edu/downloads/visionhci12/V16_WS12_People-Detection-
            II.pdf.

[Str05]   Bjarne Stroustrup. „The design of C++ 0x". In: *C/C++ Users Journal*
            23.5 (2005), S. 7.

[VSS12]   A. Velizhev, R. Shapovalov und K. Schindler. „An Implicit Shape Model
            for object detection in 3d point clouds". In: *22nd ISPRS Congress, Mel-
            bourne, Australia*. 22nd ISPRS Congress, Melbourne, Australia (2012).

[WZS13]   Jens Wittrowski, Leon Ziegler und Agnes Swadzba. „3D Implicit Space
            Models using Ray based Hough Voting for Furniture Recognition". In:
            (2013).

i **want** morebooks!

Buy your books fast and straightforward online - at one of the world's
fastest growing online book stores! Environmentally sound due to
Print-on-Demand technologies.

Buy your books online at
www.get-morebooks.com

Kaufen Sie Ihre Bücher schnell und unkompliziert online – auf einer der am
schnellsten wachsenden Buchhandelsplattformen weltweit!
Dank Print-On-Demand umwelt- und ressourcenschonend produziert.

Bücher schneller online kaufen
www.morebooks.de

OmniScriptum Marketing DEU GmbH
Heinrich-Böcking-Str. 6-8
D - 66121 Saarbrücken
Telefax: +49 681 93 81 567-9

info@omniscriptum.de
www.omniscriptum.de